やってみよう！楽しい手芸！

エコクラフトの基礎BOOK

著 ✹ 寺西 恵里子
Eriko Teranishi

目　次

- P.4　はじめに
- P.5　エコクラフトとは…
- P.6　用具について
- P.7　この本の見方
- P.8　かごの種類

一番簡単！

北欧風かご

- P.10　基本の北欧風かご
- P.16　2本組みの大きなかご
- P.17　ふたつきかご

わかりやすい！

四角かご

- P.22　基本の四角かご
- P.28　側面斜めのパンかご
- P.29　黒白のかご

ぐるぐる編むだけ！

丸かご

- P.34　基本の丸かご
- P.40　ふたつきのかご
- P.41　透かし模様のごみ箱

四角と丸の組み合わせ！

楕円かご

- P.46　基本の楕円かご
- P.52　ダブルリボンのかご
- P.53　脚つきのかご

仕組みは簡単！

ノット編み

- P.58　基本のノット編みのかご
- P.64　縁のあるかご
- P.65　ピンクのかご

P.70 バッグも作ってみましょう!!

■ 北欧風バッグ

P.72 リボンの斜めバッグ
P.73 大きめバッグ

■ 四角かごバッグ

P.76 太さがアクセントのバッグ
P.77 スクエアバッグ

■ 丸かごバッグ

P.80 人気のサークルバッグ
P.81 黒の丸かごバッグ

■ 楕円かごバッグ

P.84 布つき楕円かごバッグ
P.85 シンプル楕円かごバッグ

■ ノット編みバッグ

P.88 ラインのかごバッグ
P.89 ボタンのかごバッグ

P.92 ワンポイントをつけて…

P.92 お花
P.93 タッセル
P.94 結んで作る
　　 イヤリング＆ピアス
P.95 梅結びの飾り・
　　 あわじ結びの飾り

はじめに

エコクラフトの魅力は…

楽しくできること！
意外と簡単にできること！
そして
便利に使えること！

ちょっとくらいぶきっちょさんでも
霧吹きですき間を整えたり、
アイロンで凸凹を押さえたり、
いろいろな裏技で、
きれいに仕上げることができます。

かご１つ…
編んでみてください。
使ってみてください。

かご１つから
生まれてくるものは無限大…

はじめてでも大丈夫！
手作りの楽しさ
エコクラフトから味わってみてください。

小さな作品に
大きな願いをこめて…

寺西　恵里子

エコクラフトとは…

エコクラフトは米袋のひもから発案されたそうです。
重たいお米を運ぶ袋ですので、とても丈夫です。
そのひもを編んで、かごを作った農家の人がいて、
そこから広まったそうです。

そして、
1990年に『エコクラフト』という名で、発売されました。

12レーンの30m巻き

12レーンの5m巻き

24レーンの5m巻き

素材は…

エコクラフトは牛乳パックや米袋などの、
口に入れても安全な再生紙を加工して作っています。
なので、くすみのないきれいな色で
柔軟性もあり、コシもあり、かごを編むのに最適です。

のりは…

のりは切手ののりを使用しているので
口に入れても安心安全な素材です。

丈夫な理由は…

のりを何度も通しているので、
硬さがあり、バッグの底も高さのあるかごも
透かし模様のかごも、丈夫に仕上がり
長年使ってもへたりません。

幅が変わるのは…

エコクラフトは12本の細いレーンからできています。
レーンは8本、4本など好きな幅にすることができます。
細くても丈夫なので、しっかりしたかごが作れます。

5

用具について

この本で使われている用具いろいろです。

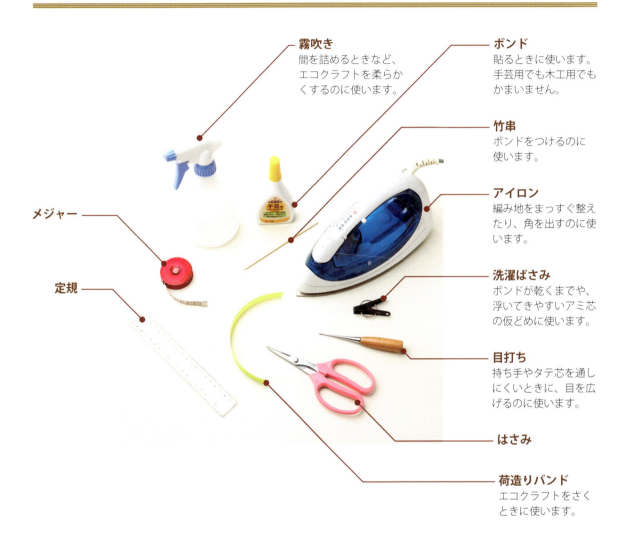

霧吹き
間を詰めるときなど、エコクラフトを柔らかくするのに使います。

ボンド
貼るときに使います。手芸用でも木工用でもかまいません。

竹串
ボンドをつけるのに使います。

アイロン
編み地をまっすぐ整えたり、角を出すのに使います。

洗濯ばさみ
ボンドが乾くまでや、浮いてきやすいアミ芯の仮どめに使います。

目打ち
持ち手やタテ芯を通しにくいときに、目を広げるのに使います。

はさみ

荷造りバンド
エコクラフトをさくときに使います。

メジャー

定規

■ エコクラフトのさき方

1 荷造りバンドは4〜5cmに切って使います。

2 使いたい太さの位置にはさみで切り込みを入れます。

3 切り込みに荷造りバンドをはさみ、さきます。

この本の見方

作り方はイラストで解説しています。プロセス写真と合わせて見ながら作ると簡単です。

材料
トータルで必要な巻き数です。

作り方
各工程ごとに図解しています。
※詳しい組み方・編み方が知りたいときは、逆引きINDEX（P.110・111）でプロセス写真ページにナビゲートしています。

タテ芯
底どめ・底組みから側面に立ち上げる芯をいいます。

アミ芯
タテ芯を軸にして編む芯のことをいいます。

用意する本数
全体を見てから切りましょう。長いものやいろいろな幅が合わさっている作品の場合は、以下の順に切るといいでしょう。

1. 12レーン幅の芯
2. 持ち手の巻きひも
3. 長いアミ芯
   （3〜5mで切り、つなぎながら編みます）
4. 残りの芯

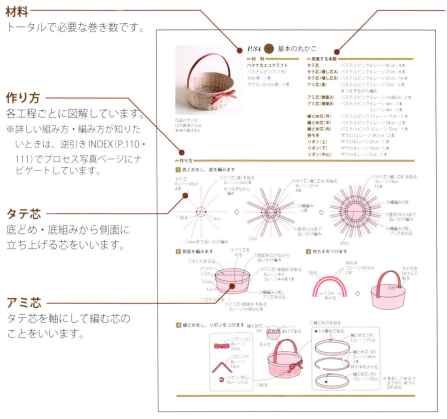

アミ芯のつなぎ方

1. アミ芯の端1cmにボンドをつけます。

2. 端同士を貼り合わせ、少しの間洗濯ばさみでとめておきます。

3. つながりました。レーンとレーンがまっすぐになるようにしましょう。

かごの種類

かごといってもいろいろな種類があります。
この本では、作りやすいかごを紹介していますので、
いろいろな形にもチャレンジしてみてください。

底の形や編み方で
かごの種類を
分けています。

一番簡単！
北欧風かご

わかりやすい！
四角かご

かごバリエーション
かごバック
基本のかご

ぐるぐる編むだけ！
丸かご

基本のかご
かごバリエーション
かごバッグ

四角と丸の組み合わせ！
楕円かご

基本のかご
かごバッグ

仕組みは簡単！
ノット編み

かごバリエーション

編み方がわかると、
大きさを変えて編むこともできます。
色も自由に変えることができるので、
ぜひ、オリジナルにも
チャレンジしてください。

9

一番簡単！

北欧風かご

作り方 ≡ P.12

基本の北欧風かご

エコクラフトを交互に並べたら、
端同士を編んでいくだけでできます。
好きな色で1つ作ってみましょう！

P.10 基本の北欧風かご

■材料■
ハマナカエコクラフト
ベージュ (101) 30m巻：1巻

作品のサイズ：
幅24cm
奥行き14.5cm
本体の高さ14.5cm

■用意する本数■
タテ芯（縦）	12レーン70cm：16本
タテ芯（横）	12レーン70cm：16本
縁どめ芯（外）	12レーン79cm：1本
縁どめ芯（中）	2レーン38cm：4本
縁どめ芯（内）	12レーン77cm：1本
持ち手	12レーン44cm：2本

■作り方■

1 底どめをします
2 底を組みます
3 立ち上げます
4 側面を編みます
5 持ち手をつけます
6 縁どめをします

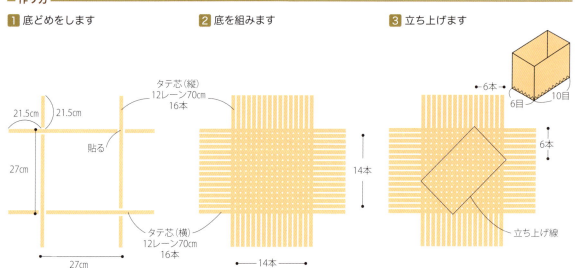

※表記してある寸法で切り、実寸に合わせる

北欧風かご

1 底どめをします

1 タテ芯(縦)の上にタテ芯(横)を十字に重ねてボンドで貼ります。2組作ります。

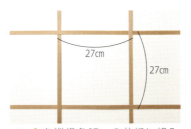

2 1を縦横各27cmの井桁に組み、ボンドで貼ります。
※タテ芯の上下に注意しましょう。

2 底を組みます

1 タテ芯(縦)14本を均等に上下交互に入れ、下側をタテ芯(横)にボンドで貼ります。

2 軽く霧吹きをします。

3 タテ芯(横)に軽く霧吹きをし、交互に通します。

4 タテ芯の間をつめます。

5 3、4をくり返し、タテ芯(横)を計14本通します。
※立ち上げの位置に、わかりやすいようにシール(○)を貼ってあります。

6 タテ芯をところどころ、下のタテ芯にボンドでとめておきます。

3 立ち上げます

1 角から6本目と7本目の間(シールの位置)に定規などをあてます。

2 角を立ち上げます。

3 反対側の角も立ち上げ、残りは角と角を結んだ線で立ち上げます。
※折り目の位置に霧吹きをして折るとしっかり折れます。

4 側面を編みます

斜め編み

1 角を裏から見たところです。

2 1の角のタテ芯2本を持ち、右のタテ芯を左のタテ芯の上に交差させます。

3 続けて隣のタテ芯の下に通します。

斜め編み

4 続けて隣のタテ芯に、上、下、上、下と通します。

5 斜め編みが1段編めました。
※ゆるみやすいので、洗濯ばさみなどでとめておきます。

6 同様に、右隣のタテ芯を、下、上、下、上…と交互に通します。

7 同様に、右隣のタテ芯を、上、下、上、下…と交互に通します。

8 くり返します。

9 くり返して1周し縦6段に編み、霧吹きをして間を高さ14cmにつめます。

5 縁どめをします1
貼りどめ

1 最後の段（6段め）のタテ芯を、ボンドで貼り合わせます。

2 アイロンをかけ、側面をまっすぐにします。

3 6段めの重なったタテ芯の端に合わせてタテ芯を切ります。

	貼りどめ	**6** 持ち手をつけます	

4 切れました。

1 持ち手2本を両端各1.2cmあけてボンドで貼り合わせます。

2 持ち手（内側）の余分を切ります。

7 縁どめをします2
縁どめ芯の貼り方

3 側面の中心を1cmはさみ、ボンドで貼ります。

1 縁どめ芯（外）を本体の縁に合わせ、1cmののり代を残して余分を切ります。
※芯の寸法には多少の余裕があるので、実寸に合わせます。

2 1を輪にし、ボンドで貼ります。

3 2を本体の縁から2レーンあけてボンドで貼ります。

4 縁どめ芯（中）を、持ち手の横から縁どめ芯（外）の上端に合わせてボンドで貼ります。

5 反対側まで貼り、持ち手に合わせて余分を切り、上からもう1本貼ります。反対側も貼ります。

縁どめ芯の貼り方

6 縁どめ芯（内）を上端に合わせてボンドで貼ります。

7 1周し、1cm重ねて余分を切ります。

8 できあがり。

北欧風かご

15

2本組みの大きなかご

大きなかごでも2本組みなので、丈夫です。
おもちゃを入れたり、タオル入れにも…

北欧風かご

作り方≡ P.100

ふたつきかご

ふたがつくだけで、とっても便利！
本体を作ってから、ふたを作りましょう。

北欧風かご

作り方≡P.18

P.17 ふたつきかご

■材料
ハマナカエコクラフト
パステルグリーン(17)
5m巻:6巻

作品のサイズ:
幅19.8cm
奥行き15cm
本体の高さ10.5cm

■用意する本数

[本体]	タテ芯(縦)	12レーン60cm:14本
	タテ芯(横)	12レーン60cm:14本
	縁どめ芯(外)	12レーン69cm:1本
	縁どめ芯(中)	2レーン1m36cm:1本
	縁どめ芯(内)	12レーン67cm:1本
	ジョイント	12レーン3cm:3本
[ふた]	タテ芯(縦)	12レーン25cm:14本
	タテ芯(横)	12レーン25cm:14本
	ふた縁(縦)	12レーン15cm:4本
	ふた縁(横)	12レーン19.8cm:4本
	ふた縁(中)	2レーン19.8cm・15cm:各4本
	リボン	12レーン17cm:1本
	リボン(中心)	12レーン5.5cm:1本

■作り方

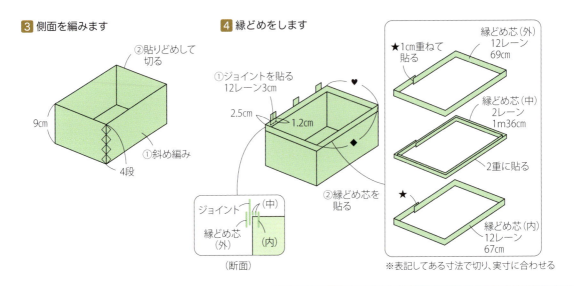

5 ふたを作ります

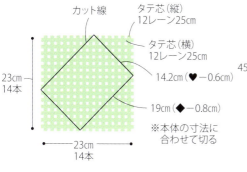
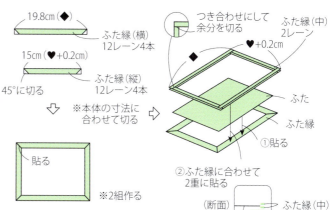

6 ふたをつけます

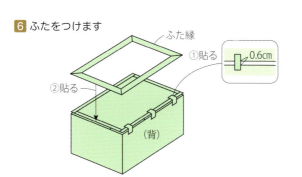

7 リボンをつけます

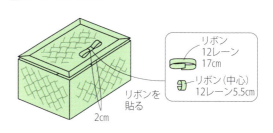

北欧風かご

---

1 底どめをします

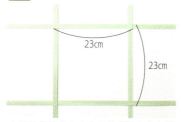

タテ芯(縦)2本とタテ芯(横)2本を縦横各23cmの井桁に組み、ボンドで貼ります。
※タテ芯の上下に注意しましょう。

2 底を組みます

タテ芯(縦)とタテ芯(横)に軽く霧吹きをし、各12本を均等に交互に通します。

3 立ち上げます

1 角から6本めと7本めの間(シールの位置)に定規などをあてます。
※立ち上げの位置に、わかりやすいようにシール(○)を貼ってあります。

2 1の角、反対側の角を立ち上げ、残りは角と角を結んだ線で立ち上げます。

4 側面を編みます

側面を縦4段になるように斜め編みし、霧吹きをして高さ9cmにつめます。

5 縁どめをします

1 最後の段(4段め)の隣のタテ芯を貼り合わせます。

19

2 4段めの端（高さ9cm）に合わせてタテ芯を切ります。

3 ジョイント3本を、中心と両端から各2.5cmあけて貼ります。

4 縁どめ芯（外）を本体の縁に合わせて輪にし、四角く折ります。

5 4を本体の縁から2レーンあけて貼ります。

6 縁どめ芯（中）を縁どめ芯（外）の上端に合わせて貼ります。

7 2重に貼ります。

8 縁どめ芯（内）を上端に合わせて貼ります。

9 本体ができました。

6 ふたを作ります

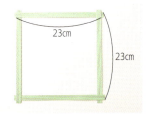

1 タテ芯（縦）2本とタテ芯（横）2本を縦横各23cmの井桁に組み、貼ります。

2 タテ芯（縦）とタテ芯（横）に軽く霧吹きをし、各12本を均等に交互に通します。

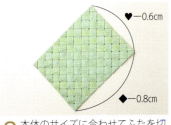

3 本体のサイズに合わせてふたを切ります。

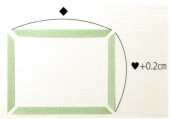

4 本体のサイズに合わせてふた縁を切り、角を型紙に合わせて斜めに切ります。

5 4をつき合わせで貼ります。2組作ります。

6 5にふたを端を均等にあけて貼ります。

7 ふた縁(中)を端に合わせて貼り、余分を切ります。

北欧風かご

8 2重に貼ります。

7 ふたをつけます

1 ジョイントを端から0.6cmで折ります。

2 折った部分をふたに貼ります。

3 残りのふた縁を上から貼ります。

8 リボンをつけます

1 リボンを輪にし、1cm重ねて貼ります。

2 1の中心を貼ります。

3 リボン(中心)を巻き、貼ります。

4 ふたにリボンを貼って、できあがり。

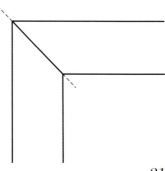

実物大の型紙

わかりやすい！

四角かご

作り方 ≡ P.24

基本の四角かご

底を交互に並べたら、
側面は輪を作って通すだけで簡単！
持ち手をつけるだけで、便利に使えます。

P.22 基本の四角かご

■ 材　料
ハマナカエコクラフト
マロン(114)30m巻：1巻

作品のサイズ：
幅18.5cm
奥行き13.5cm
本体の高さ10.5cm

■ 用意する本数
タテ芯(縦)	12レーン42.5cm：11本
タテ芯(横)	12レーン47.5cm：8本
アミ芯	12レーン65cm：5本
縁どめ芯(外)	12レーン66cm：1本
縁どめ芯(中)	2レーン32cm：2本
縁どめ芯(内)	12レーン65cm：1本
持ち手	12レーン35cm：2本
リボン(上)	8レーン19cm：2本
リボン(下)	8レーン13cm：2本
リボン(中心)	8レーン4cm：2本

■ 作り方

1 底どめをします　　　2 底を組みます

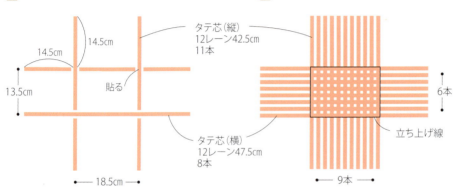

3 側面を編みます　　　4 持ち手をつけます

5 縁どめし、リボンをつけます

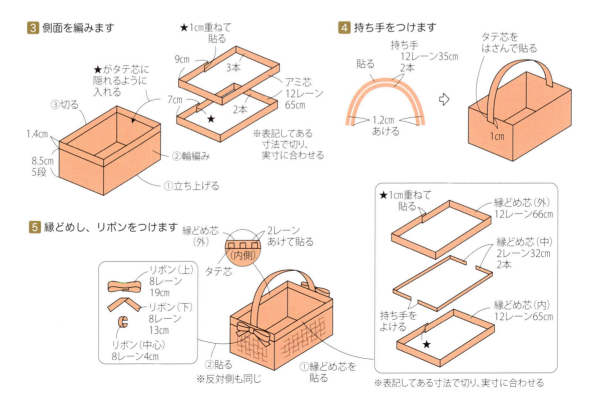

1 底どめをします

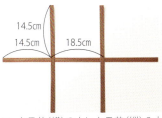

1 タテ芯(横)の上にタテ芯(縦)2本をボンドで貼ります。

2 タテ芯(縦)の下にタテ芯(横)をもう1本入れ、貼ります。

2 底を組みます

1 タテ芯(縦)9本、タテ芯(横)6本を、霧吹きをして均等に交互に通します。

3 立ち上げます

2 上に出ているタテ芯を、下のタテ芯に貼ります。

1 底の端に定規などをあて、タテ芯を立ち上げます。

2 立ち上げました。

四角かご

4 側面を編みます
輪編み

1 アミ芯をタテ芯に仮どめし、交互に通します。

2 1周し、1cmののり代を残して余分を切ります。
※アミ芯のつなぎめは、タテ芯に隠れる位置にします。

3 全てのアミ芯を2の長さに切り、1cm重ねて貼り、輪にします。

輪編み

4 3をつなぎめが写真の位置になるように四角に折ります。

5 タテ芯に交互に通します。
※浮いてきやすいので、洗濯ばさみでとめながら通しましょう。

6 同様に計5本のアミ芯を通し、霧吹きをして高さを8.5cmにつめます。

25

7 タテ芯をところどころアミ芯に貼ります。

8 12レーンのガイド(材料外)をアミ芯の上端に合わせ、ガイドに合わせてタテ芯を切ります。

9 全てのタテ芯を切ります。

5 持ち手をつけます

1 持ち手を手でカーブさせます。

2 持ち手2枚を、両端各1.2cmあけて貼り合わせます。

3 貼り合わせたところです。

4 持ち手で側面の中心のタテ芯を1cmはさんで貼ります。

6 縁どめをします

1 縁どめ芯(外)を本体の縁に合わせ、1cmののり代を残して余分を切ります。

2 1を1cm重ねて貼り、輪にします。

3 2を四角に折ります。

4 3を本体の縁から2レーンあけて貼ります。

5 縁どめ芯(中)を、縁どめ芯(外)の上端に合わせてボンドで貼ります。
※持ち手部分はよけて貼ります。

6 縁どめ芯（内）を上端に合わせてボンドで貼ります。

7 1周し、1cm重ねて余分を切ります。

8 本体のできあがりです。

7 リボンをつけます
基本のリボンの作り方

1 リボン（上）を輪にし、端を1cm重ねて貼ります。

2 1の中央を貼ります。

3 リボン（下）を真ん中で斜めに折ります。

――― 基本のリボンの作り方 ―――

4 3に2を貼ります。

5 リボン（中心）で4を巻き、端を貼ります。

6 リボンのできあがりです。

7 持ち手の根元にリボンを貼ります。

8 リボンがつきました。反対側も同様につけます。

9 できあがり。

四角かご

27

側面斜めのパンかご

側面を斜めに立ち上げて
ぐるぐる編んだパンかごです。

作り方 = P.101

四角かご

黒白のかご

白いテープを通すだけで
素敵な柄のかごができます。

作り方 ≡ P.30

P.29 黒白のかご

■ 材 料 ■
ハマナカエコクラフト
黒(106) 30m巻：1巻
白(2) 5m巻：2巻

作品のサイズ：
幅19cm
奥行き15.5cm
本体の高さ16.5cm

■ 用意する本数 ■
タテ芯（縦）	黒8レーン56.5cm：11本
タテ芯（横）	黒8レーン60cm：9本
アミ芯	黒8レーン72cm：8本
飾りひもA	白4レーン49cm：4本
飾りひもB	白4レーン72cm：16本
縁どめ芯（外）	黒12レーン72cm：1本
縁どめ芯（中）	黒2レーン71cm：1本
縁どめ芯（内）	黒12レーン71cm：1本
持ち手	黒8レーン50cm：2本
巻きひも	黒2レーン1m90cm：2本

■ 作り方 ■

1 底どめをします

2 底を組みます

3 側面を編みます

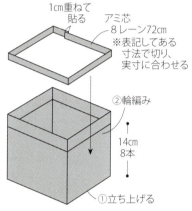

4 飾り編みをします

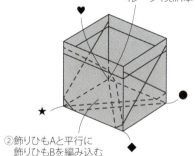

①飾りひもAを底の角（♥★◆●）に貼り、編み込む
4レーン49cm4本

②飾りひもAと平行に飾りひもBを編み込む
4レーン72cm16本

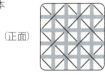

（正面）

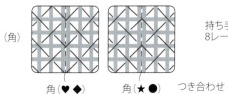

（角）　角（♥◆）　角（★●）

※タテ芯をはさんで交差するように編み込む

5 縁どめをし、持ち手をつけます

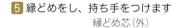

①切る　縁どめ芯（外）　2レーンあけて貼る
1.8cm
タテ芯　（内側）
②縁どめ芯を貼る

④巻く
巻きひも
2レーン
1m90cm
2本

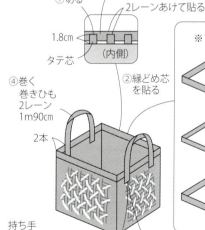

※1cm重ねて貼る
縁どめ芯（外）
12レーン
72cm

縁どめ芯（中）
2レーン
71cm
つき合わせ

縁どめ芯（内）
12レーン
71cm

※表記してある寸法で切り、実寸に合わせる

持ち手
8レーン50cm
貼る
つき合わせ
③持ち手をつける
8段めのアミ芯の下に通す

1 底どめをします

タテ芯(横)2本の上にタテ芯(縦)2本をボンドで貼ります。

2 底を組みます

タテ芯(縦)9本、タテ芯(横)7本を、霧吹きをしながら均等に交互に通します。

3 立ち上げます

底の端に定規などをあて、タテ芯を立ち上げます。

四角かご

4 側面を編みます

1 アミ芯を1周通し、1cmののり代を残して余分を切ります。
※アミ芯のつなぎめは、タテ芯に隠れる位置にします。

2 全てのアミ芯を1の長さに切り、1cm重ねて貼り、四角に折ります。

3 タテ芯に交互に通します。

4 同様に計8本のアミ芯を通し、霧吹きをして高さ14cmにつめます。

5 飾り編みをします

1 角(♥)の内側に、飾りひもAを貼ります。

2 1を写真のように交互にタテ芯に通します。

3 続けて側面にも通します。角は写真のように通します。

4 2本めの飾りひもAを角(★)の内側に貼り、タテ芯に通します。

31

5 続けて側面にも通します。

6 同様に、残りの飾りひもAを角（◆・●）の内側に貼り、タテ芯に通します。

7 飾りひもBを、飾りひもAと平行に写真のように通します。

8 同様に、全ての飾りひもBを編み込みます。飾りひもBは、タテ芯のクロスをはさむようにクロスします。

9 角（◆）は写真のようになっています。

6 縁どめをします

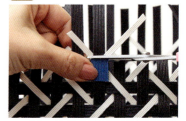

10 反対側から見たところです。反対側の角（★）は写真のようになっています。

1 1.8cmのガイド（材料外）をアミ芯の上端に合わせ、ガイドに合わせてタテ芯を切ります。

2 全てのタテ芯を切ります。

3 縁どめ芯（外）を本体の縁に合わせ、1cmののり代を残して余分を切ります。

4 3を1cm重ねて貼り、四角に折ります。

5 4を本体の縁から2レーンあけて貼ります。

6 縁どめ芯(中)を、縁どめ芯(外)の上端に合わせて貼ります。

7 1周し、つき合わせで余分を切ります。

7 持ち手をつけます

四角かご

8 縁どめ芯(内)を上端に合わせて貼ります。

9 1周し、1cm重ねて余分を切ります。

1 持ち手を一番上のアミ芯の下に差し込みます。

2 反対側も差し込み、つき合わせになるように折り返します。

3 2を貼り合わせます。

4 反対側も同様に、持ち手をつけます。

5 巻きひもで巻きます。

6 端まで巻き、端を始末します。

7 できあがり。

ぐるぐる編むだけ！

丸かご

作り方 ≡ P.36

基本の丸かご

放射状に広げたタテ芯に、ぐるぐる巻いて底に。
立ち上げてもそのままぐるぐる編むだけで
かわいいかごができます。

P.34 基本の丸かご

■材料
ハマナカエコクラフト
パステルピンク(116)
30m巻：1巻
ザクロ(35)5m巻：1巻

作品のサイズ：
口の直径21.5cm
本体の高さ8cm

■用意する本数

タテ芯	パステルピンク6レーン45cm：4本
タテ芯（増し芯A）	パステルピンク6レーン21cm：8本
タテ芯（増し芯B）	パステルピンク6レーン18cm：16本
アミ芯（底）	パステルピンク2レーン12m：2本
	※つなぎながら編む
アミ芯（側面A）	パステルピンク3レーン1m80cm：2本
アミ芯（側面B）	パステルピンク6レーン4m：1本
	3レーン4m：1本
縁どめ芯（外）	パステルピンク12レーン71cm：1本
縁どめ芯（中）	パステルピンク2レーン34cm：2本
縁どめ芯（内）	パステルピンク12レーン70cm：1本
持ち手	ザクロ12レーン39.5cm：2本
リボン（上）	ザクロ8レーン25cm：1本
リボン（下）	ザクロ8レーン16cm：1本
リボン（中心）	ザクロ8レーン5cm：1本

■作り方

1 底どめをし、底を編みます

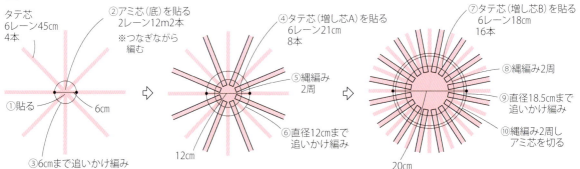

2 側面を編みます

3 持ち手をつけます

4 縁どめをし、リボンをつけます

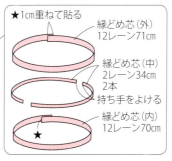

※表記してある寸法で切り、実寸に合わせる

1 底どめをします

1 タテ芯2本を十字に重ね、ボンドで貼り合わせます。2組作ります。

2 1を交差して重ね、中心を貼ります。

2 底を編みます

1 アミ芯(底)2本を貼ります。

追いかけ編み

2 アミ芯2本を互い違いにタテ芯の上、下と通します。

3 直径6cmまで追いかけ編みをします。

タテ芯の増し芯

4 タテ芯(増し芯A)を、タテ芯とタテ芯の間に貼ります。

タテ芯の増し芯

5 同様に、計8本の増し芯Aを貼ります。

縄編み

6 アミ芯をタテ芯の間で交差させて編みます。

7 縄編みで2周します。

8 続けて追いかけ編みをします。

9 直径12cmまで追いかけ編みをします。

10 タテ芯(増し芯B)をタテ芯とタテ芯の間に貼ります。

丸かご

11 同様に、計16本の増し芯Bを貼ります。

12 縄編みをします。

13 縄編みで2周し、続けて追いかけ編みをします。

14 直径18.5cmまで追いかけ編みをし、続けて縄編みをします。

15 縄編みで2周し、アミ芯を切って始末します。

3 立ち上げます

そこの端に定規などをあて、タテ芯を立ち上げます。

4 側面を編みます

1 アミ芯（側面A）2本をタテ芯に貼ります。

縄編み

2 縄編み（アミ芯をタテ芯の間で交差させて編む）をします。

3 縄編みで2周し、アミ芯を切って始末します。

4 アミ芯（側面B）2本をタテ芯に貼ります。

追いかけ編み

5 追いかけ編み（アミ芯2本で交互にザル編みする）をします。

6 タテ芯を広げながら高さ6.5cmまで追いかけ編みし、アミ芯を切って始末します。

5 持ち手をつけ、縁どめをします

7 10レーンのガイド（材料外）をアミ芯の端に合わせ、ガイドに合わせてタテ芯を切ります。

1 持ち手2本をカーブさせ、貼り合わせます。

2 持ち手でタテ芯を1cmはさんで貼ります。

3 縁どめ芯（外）を本体の縁に合わせ、1cmののり代を残して余分を切ります。

4 3を1cm重ねて貼り、輪にします。

5 4を本体の縁から2レーンあけて貼ります。

丸かご

6 縁どめ芯（中）を縁どめ芯（外）の上端に合わせて貼ります。

7 持ち手のきわで余分を切ります。同様に、持ち手をさけて反対側も貼ります。

8 縁どめ芯（内）を上端に合わせて貼ります。

6 リボンをつけます

1 リボン（上）を輪にして中心をとめ、リボン（下）を折ります。

2 リボン（中心）でまとめて巻きます。

3 リボンを貼って、できあがり。

ふたつきのかご

ふたも本体と同じように編むだけ！
ふたがあると使い勝手が広がります。

作り方 ≡ *P.108*

透かし模様のごみ箱

側面は少し広げながら編みます。
途中編まないで、模様を作ります。

丸かご

作り方＝P.42

P.41 透かし模様のごみ箱

■材 料
ハマナカエコクラフト
茜色(126)30m巻：1巻

作品のサイズ：
口の直径21cm
高さ23cm

■用意する本数
タテ芯	12レーン75cm：8本
アミ芯(底)	2レーン7m50cm：1本
アミ芯(側面A)	3レーン1m10cm：3本
アミ芯(側面B)	6レーン11m50cm：1本
アミ芯(側面C)	3レーン80cm：9本
アミ芯(側面D)	6レーン2m20cm：1本
アミ芯(側面E)	3レーン1m60cm：3本

※長いアミ芯はつなぎながら編む

■作り方

1 底どめをします

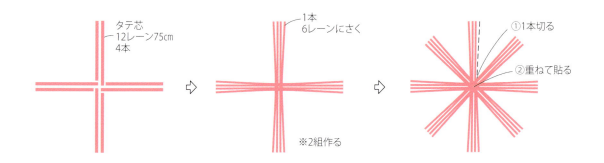

2 底を組みます

3 側面を編み、縁どめをします

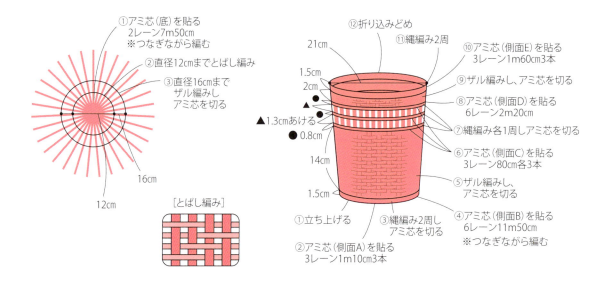

1 底どめをします

1 タテ芯4本を井桁に組み、中心をボンドで貼り合わせます。

2 タテ芯を半分（6レーン）に井桁の根元まで裂きます。

3 全てのタテ芯をさきます。2組作ります。

4 右上のタテ芯1本を切り取ります。（切るのは1組のみです）

5 井桁2組を交差して重ね、中心を貼り合わせます。

2 底を編みます

1 アミ芯（底）を貼ります。

とばし編み

2 アミ芯をタテ芯に表、表、裏、裏と交互に通します。

3 タテ芯を均等に広げながらとばし編みをします。

4 直径12cmまでとばし編みで編みます。

ザル編み

5 アミ芯をタテ芯に表、裏と交互に通します。

6 直径16cmまで編み、アミ芯を切って始末します。

3 立ち上げます

1 底の端に定規などをあて、タテ芯を立ち上げます。

丸かご

43

4 側面を編みます

2 全てのタテ芯を立ち上げます

1 アミ芯（側面A）3本をタテ芯に貼ります。

2 1本を隣のタテ芯、もう1本をさらに隣のタテ芯の間から出します。

3本縄編み

3 一番左のアミ芯を、隣のタテ芯の前、前、後ろを通して前に出します。

4 同様に、次のアミ芯も隣のタテ芯の前、前、後ろを通して前に出します。

5 くり返して2段編み、余分を切って内側にとめます。

6 アミ芯（側面B）をタテ芯に貼ります。

ザル編み

7 ザル編み（編み芯を前、後ろと交互に通す）します。

8 タテ芯を徐々に広げながら高さ15.5cmまでザル編みし、余分を切って内側にとめます。

9 アミ芯（側面C）3本を貼り、3本縄編みで1段編み、余分を切ってとめます。

10 上端から1.3cmあけてアミ芯（側面C）3本を貼ります。

11 3本縄編みで1段編み、切ってとめます。

12 11のアミ芯をところどころ、タテ芯にボンドでとめます。

13 上端から1.3cmあけてアミ芯（側面C）3本を貼ります。

14 3本縄編みで1段編み、余分を切ってとめます。

15 アミ芯（側面D）を貼ります。

16 ザル編みで2cm編み、余分を切ってとめます。

17 アミ芯（側面E）3本を貼ります。

丸かご

18 3本縄編みで2段編み、余分を切ってとめます。

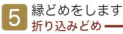

5 縁どめをします
折り込みどめ

1 タテ芯を内側に折ります。

2 内側のアミ芯に通します。

3 余分なタテ芯を切ります。

4 できあがり。

> **ワンポイント**
>
> **側面を編むのが難しいときは…**
>
> 厚紙で型を作り、中に入れて編むときれいに編めます。

45

四角と丸の組み合わせ！

楕円かご

作り方 ≡ P.48

基本の楕円かご

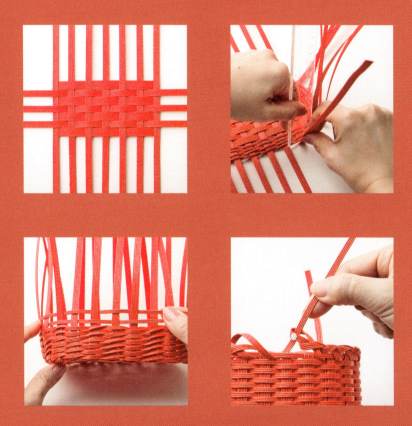

四角を作ってから、ぐるぐる編むと
角が丸くなって、楕円になります。
使い勝手のいい形です。

P.46 基本の楕円かご

═ 材　料 ═
ハマナカエコクラフト
赤(31)5m巻：3巻

作品のサイズ：
幅16cm
奥行き9.5cm
本体の高さ15cm

═ 用意する本数 ═
底どめ芯(縦)	6レーン6cm：2本
底どめ芯(横)	8レーン12cm：4本
タテ芯(縦)	6レーン55cm：7本
タテ芯(横)	6レーン60cm：3本
タテ芯(増し芯)	6レーン25cm：4本
アミ芯(底)	2レーン1m40cm：2本
アミ芯(側面)	3レーン11m50cm：2本
	※つなぎながら編む
縁編みひも	4レーン2m60cm：1本
持ち手	12レーン50cm：2本
巻きひも	2レーン1m50cm：1本

═ 作り方 ═

1 底どめをします

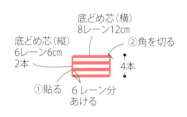

2 底を組みます

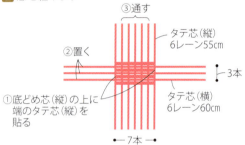

3 底を編みます

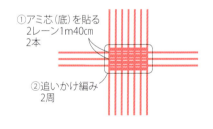

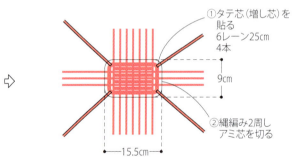

4 側面を編み、縁どめします

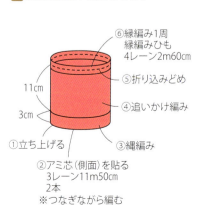

5 持ち手をつけます

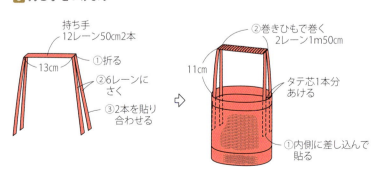

1 底どめをします

1 底どめ芯（縦）2本に、底どめ芯（横）をボンドで貼ります。

2 6レーンのガイド（材料外）を置き、底どめ芯（横）を貼ります。

3 2をくり返し、底どめ芯（横）計4本を均等に貼ります。

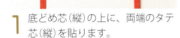

4 角を底どめ芯（縦）の位置で切ります。

2 底を組みます

1 底どめ芯（縦）の上に、両端のタテ芯（縦）を貼ります。

2 底どめ芯（横）の間に、タテ芯（横）3本を置きます。

3 底を編みます

 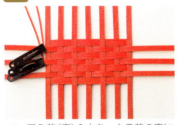 

3 タテ芯（縦）5本を均等に交互に通します。

1 アミ芯（底）2本を、タテ芯の裏に貼ります。

2 追いかけ編みで2周します。

4 側面を編みます

3 底を裏返し、タテ芯（増し芯）4本を角に貼ります。

4 表に返して縄編みで2周し、余分を切ってとめます。

1 タテ芯を立ち上げ、アミ芯（側面）2本をタテ芯に貼ります。

楕円かご

49

2 縄編みします。

3 縄編みで3㎝編み、続けて追いかけ編みをします。

4 高さ14㎝まで追いかけ編みし、余分を切ってとめます。

5 縁どめをします

1 タテ芯をところどころアミ芯にとめます。

2 折り込みどめをします。

3 余分なタテ芯を切ります。

6 縁編みをします
縁編み

1 縁編みひもを上端の編み芯に通し、手前に5㎝出して折り返します。

2 左のひもを、タテ芯を1本はさんだ右隣へ手前から通します。

3 2の♡の輪に下から通します。

4 同様に、右隣へ手前から通します。

5 4でできたクロスに、下から通します。

6 4、5をくり返して1周します。
※3の★の位置に、シール(○)を貼っています。

50

7 はじめのひもを、輪が出てくるまでほどきます。

8 左のひもを右隣へ手前から通し、7の輪に下から通します。

9 左のクロスに下から通します。

縁編み

10 7の輪に上から通します。

11 上端のアミ芯に手前から通します。

12 11を引きしめます。裏で余分を切り、端同士を貼り合わせます。

7 持ち手をつけます

1 持ち手の左右を折り、それぞれ折り位置まで6レーンにさきます。2本作ります。

2 1の2本を貼り合わせます。

3 タテ芯1本あけて、横のタテ芯の内側に差し込み、貼ります。

4 反対側も同様に差し込んで貼ります。

5 巻きひもで持ち手の分かれていない部分を巻きます。

6 できあがり。

楕円かご

ダブルリボンのかご

広げながら編むのもかわいい！
最後は簡単なかごどめです。

作り方 ≡ *P.54*

楕円かご

脚つきのかご
観葉植物を入れたり、お花を入れたり、
飾りになるかごです。

楕円かご

作り方 P.102

P.52 ダブルリボンのかご

■材料
ハマナカエコクラフト
チョコレート(115)
30m巻：1巻

作品のサイズ：
幅24.5cm
奥行き15cm
本体の高さ16cm

■用意する本数

底どめ芯(縦)	6レーン6.1cm：2本
底どめ芯(横)	8レーン10cm：4本
タテ芯(縦)	6レーン72cm：7本
タテ芯(横)	6レーン76cm：3本
タテ芯(増し芯)	6レーン34cm：4本
アミ芯(底)	2レーン1m60cm：2本
アミ芯(側面A)	3レーン1m40cm：2本
アミ芯(側面B)	5レーン5m90cm：2本
持ち手	12レーン40cm：2本
巻きひも	2レーン5m：1本
リボン(上)	5レーン15cm：2本
リボン(下)	5レーン23cm：2本
リボン(中心)	8レーン4.2cm：1本

■作り方

1 底どめをします

2 底を組みます

3 底を編みます

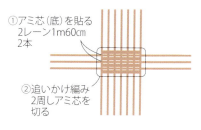

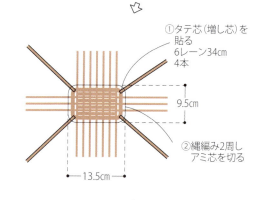

4 側面を編み、縁どめをします

5 持ち手・リボンをつけます

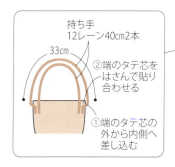

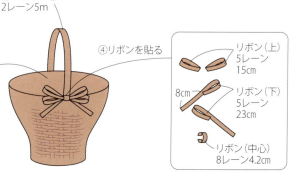

1 底どめをします

底どめ芯（縦）2本に、底どめ芯（横）4本を均等にボンドで貼ります。

2 底を組みます

1 底どめ芯（縦）の上に、両端のタテ芯（縦）を貼ります。

2 底どめ芯（横）の間に、タテ芯（横）3本を置きます。

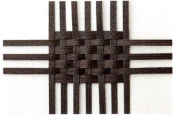

3 タテ芯（縦）5本を均等に交互に通します。

3 底を編みます

1 アミ芯（底）2本を、タテ芯の裏に貼ります。

2 追いかけ編みで2周します。

3 底を裏返し、タテ芯（増し芯）4本を角に貼ります。

4 表に返して縄編みで2周し、余分を切ってとめます。

4 側面を編みます

1 タテ芯を立ち上げます。

2 アミ芯（側面A）2本をタテ芯に貼ります。

3 縄編みで3段編み、余分を切ってとめます。

4 アミ芯（側面B）2本を貼り、タテ芯を広げながら追いかけ編みで高さ14cmまで編みます。

楕円かご

5 縁どめをします
かごどめ

1 タテ芯を隣のタテ芯の内側から外側に出します。

2 続けて、さらに隣のタテ芯の外側から内側に入れます。

3 同様に右隣のタテ芯を内、外、内とかけます。

4 同様に、タテ芯を内、外、内とかけて1周します。

5 最後から2本めのタテ芯は、隣のタテ芯の内側から、最初のタテ芯の編み目に通します。

6 最後のタテ芯は、2本めのタテ芯の編み目に内側から外側へ通します。

――― かごどめ

7 続けて、最初のタテ芯と2本めのタテ芯の下に外側から内側に通します。

8 タテ芯2本めの位置で、余分なタテ芯を切ります。

9 本体ができました。

6 持ち手をつけます

1 持ち手をかごどめの外側から内側に通します。

2 33cmのアーチになるように、反対側にも差し込みます。

3 内側を貼ります。

56

4 残りの持ち手をかごどめのタテ芯をはさんで貼ります。

5 巻きひもを半分に折り、持ち手の中心にかけます。

巻きひもで巻く

6 中心を洗濯ばさみで仮どめし、1本で持ち手を巻きます。

巻きひもで巻く

7 端まで巻き、根元にボンドをつけて持ち手の内側に2〜3cm通します。

8 余分を切ります。

9 反対側も同様に巻きます。

7 リボンをつけます

1 リボン（上）を輪にして根元をとめます。

2 リボン（下）を写真のように輪にして根元をとめます。

3 リボン（下）にリボン（上）を貼ります。

4 左右をクロスさせて貼ります。

5 中心をリボン（中心）で巻きます。

6 持ち手の根元にリボンを貼って、できあがり。

仕組みは簡単！

ノット編み

作り方 ≡ P.60

基本のノット編みのかご

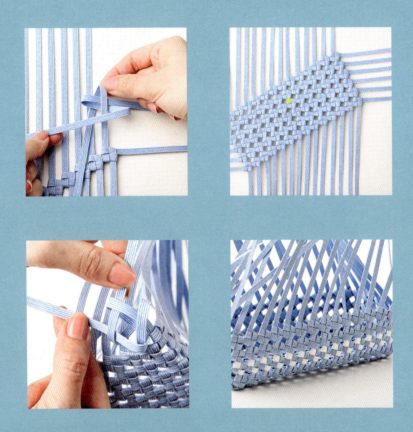

1列編めば、あとは簡単!
四角い形をいくつ作るかで大きさが決まります。
最後にアイロンでしっかり仕上げましょう。

P.58 ✖ 基本のノット編みのかご

≡ 材 料 ≡
ハマナカエコクラフト
パステルブルー(118)30m巻:1巻
白(2)5m巻:1巻

作品のサイズ:
幅21cm
奥行き9.5cm
本体の高さ6cm

≡ 用意する本数 ≡
アミ芯**A**	パステルブルー 5レーン 90cm:14本
アミ芯**B**	パステルブルー 5レーン 1m30cm:6本
アミ芯**C**	パステルブルー 5レーン 2m20cm:3本
	白 5レーン 2m20cm:1本
持ち手	パステルブルー 5レーン 75cm:1本
巻きひも	パステルブルー 2レーン 2m20cm:1本

≡ 作り方 ≡

1 底を編みます

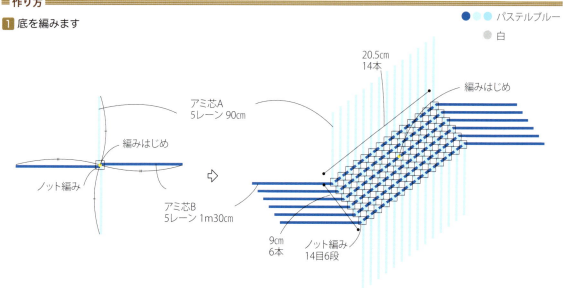

2 側面を編みます

3 縁どめをし、持ち手をつけます

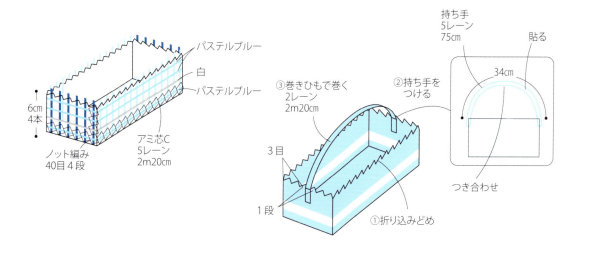

1 底を編みます
ノット編み

1 アミ芯Aとアミ芯Bを半分に折り、アミ芯Aでアミ芯Bをはさみます。

2 アミ芯Aの下側（★）をアミ芯Bの輪に通します。

3 アミ芯Bの下側（♥）をアミ芯Aの輪に通します。

※アミ芯Aはわかりやすいように青の芯を使っています
※中心にはわかりやすいようにシール（〇）を貼っています。

ノット編み

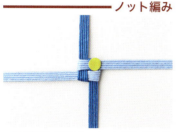

4 引きしめます。ノット編みが1目編めました。

5 アミ芯Bの下側（♥）を後ろに軽く折り、新たなアミ芯Aを半分に折ってはさみます。

6 アミ芯Aの下側をアミ芯Bの輪に通し、アミ芯Bの下側（♥）をアミ芯Aの輪に通します。

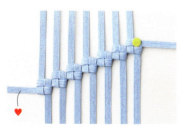

7 引きしめます。2目編めました。

8 同様に、アミ芯Aを足しながら5目編みます。

9 180度回転させ、反対向きに同様に編みます。

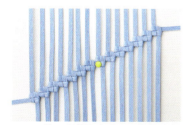
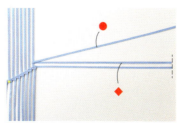

10 計14目編みます。1段編めました。

11 新たなアミ芯Bを1段めの端と長さをそろえて折ります。

12 長さをそろえた側（◆）が上になるようにして、アミ芯Aの下に通します。

ノット編みのかご

13 アミ芯Bの長い側(●)を左に軽く折り、アミ芯Aを後ろに軽く折ります。

14 アミ芯Aをアミ芯Bの輪に通します。

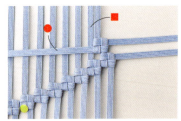

15 引きしめます。2段めが1目編めました。

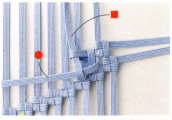

16 2目めは、●と隣の芯(■)で同様に編みます。

17 同様に、●と上に出ているタテ芯で1段編みます。2段めが編めました。

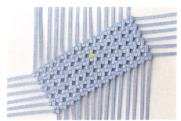

18 同様に2段編み、180度回転させて2段(計6段)編み、底ができました。

2 側面を編みます

1 アミ芯Cを15cmで折り、アミ芯Aではさみます。

2 1で1目編みます。

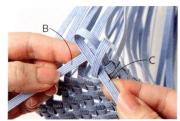

3 底と同様に左に向かって角まで編みます。アミ芯Cを折り、角のアミ芯Bではさみます。

4 アミ芯Bをアミ芯Cの輪に通します。

5 アミ芯Cをアミ芯Bの輪に通します。

6 引きしめます。角の目が編めました。
※角は編み目のすき間が△になります。

7 同様に最後の編み目の手前まで編み、アミ芯Cの編みはじめの先を後ろに折ります。

8 アミ芯Cの編み終わりの端を後ろに折ります。

9 最後の目のアミ芯Bを下から7の輪に通します。

10 アミ芯Bを後ろ側に折り、7、8をはさんで下のすき間から出します。

11 アミ芯Bを折り返し、8の輪に通します。

12 裏から引き締め、端を両側の編み目に1〜2目通します。

13 余分を切ります。側面が1段編めました。

14 同様に、白1段、ブルー2段編みます。

3 縁どめをします

1 アミ芯を裏側の編み目に1目通します。

2 端を整えて、さらに2目奥まで通し、余分を切ります。

4 持ち手をつけます

1 持ち手を端の中心に差し込んで折り返し、つき合わせにして貼ります。

2 持ち手を巻きひもで巻いて、できあがり。

ノット編みのかご

縁のあるかご

使いやすい大きさのかごです。
結び目をきれいな形にするのが
ポイントです。

作り方 = P.66

ノット編み

ピンクのかご

いろいろな色で編むのもいいですね。
持ち手もしっかり作りましょう。

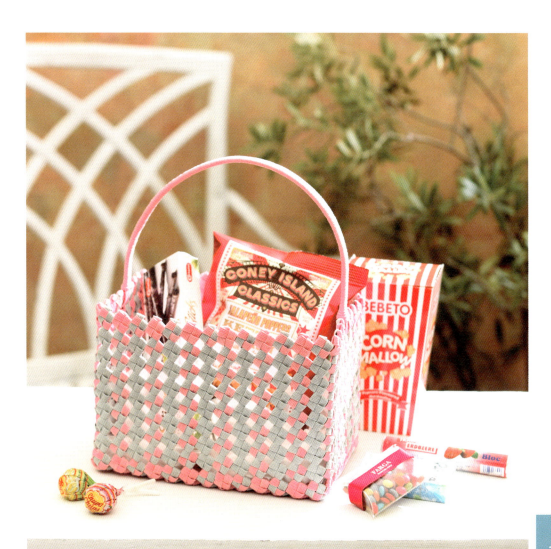

ノット編みのかご

作り方 ≡ P.69

P.64 　縁のあるかご

■ 材　料 ■
ハマナカエコクラフト
マロン(114)30m巻：1巻

作品のサイズ：
幅21cm
奥行き13.5cm
本体の高さ9cm

■ 用意する本数 ■
アミ芯A	6レーン1m10cm：11本
アミ芯B	6レーン1m30cm：7本
アミ芯C	6レーン2m30cm：4本
縁どめ芯(外)	12レーン69cm：1本
縁どめ芯(中)	2レーン68cm：1本
縁どめ芯(内)	12レーン68cm：1本
持ち手	6レーン78cm：2本
巻きひも	2レーン1m50cm：1本

■ 作り方 ■

1. 底を編みます
2. 側面を編みます
3. 縁どめをします
4. 持ち手をつけます

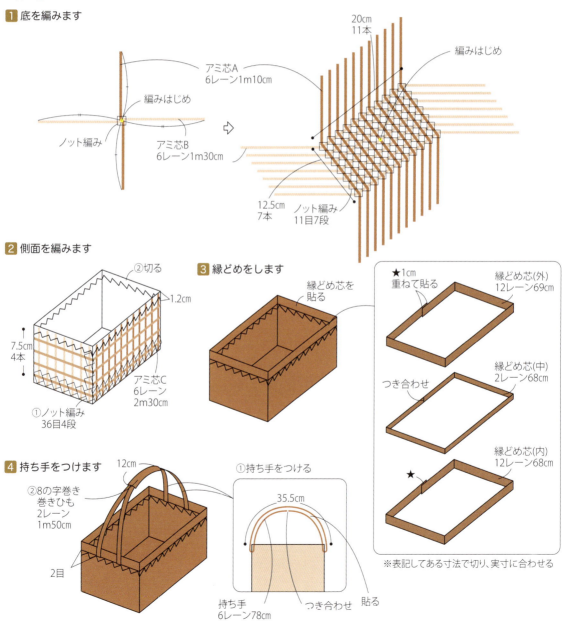

66

1 底を編みます

1 ノット編みで1目編みます。

2 11目編みます。1段編めました。

3 7段編みます。底ができました。

2 側面を編みます

1 ノット編みで4段編みます。

2 アイロンをかけ、形を整えます。
※角が出るように形を整えながらかけます。

3 9レーンのガイド（材料外）をノット編みの上端に合わせ、タテ芯を切ります。

4 全てのタテ芯を切ります。

3 縁どめをします

1 縁どめ芯（外）を本体の縁に合わせ、1cmののり代を残して余分を切ります。

2 1を輪にして貼り、四角く折ります。

3 2を本体の縁から2レーンあけて貼ります。

4 縁どめ芯（中）を縁どめ芯（外）の上端に合わせて貼り、余分を切ります。

5 縁どめ芯（内）を上端に合わせて貼り、余分を切ります。

ノット編みのかご

4 持ち手をつけます

1 持ち手を角から2目と3目の間に差し込みます。

2 反対側も差し込み、つき合わせになるように折り返します。

3 2を貼り合わせます。

4 反対側も同様に、持ち手をつけます。

8の字巻き

5 巻きひもを半分に折り、持ち手1本の中心にかけます。

6 中心を洗濯ばさみで仮どめし、1本を手前、向こうと8の字にかけます。

7 6をくり返して6cm巻き、最後は巻きひもの内側に通します。

8 根元にボンドをつけ、内側に2〜3cm通します。

9 余分を切ります。

8の字巻き

10 反対側も同様に巻きます。

11 できあがり。

ワンポイント
ノット編みの裏側

アミ芯が写真のように、一方向に斜めにわたります。

P.65 ピンクのかご

材料
ハマナカエコクラフト
グレー(120)30m巻：1巻
ピンク(9)5m巻：4巻

作品のサイズ：
幅22cm
奥行き16cm
本体の高さ14.5cm

用意する本数
アミ芯A	グレー 6レーン 1m70cm：7本
	ピンク 6レーン 1m70cm：6本
アミ芯B	グレー 6レーン 1m90cm：4本
	ピンク 6レーン 1m90cm：5本
アミ芯C	グレー 6レーン 2m70cm：7本
	ピンク 6レーン 2m70cm：2本
持ち手	ピンク 10レーン 56cm：1本
持ち手(内)	ピンク 10レーン 28cm：1本
巻きひも	ピンク 2レーン 3m80cm：1本

作り方

1 底を編みます

2 側面を編み、縁どめをします

3 持ち手をつけます

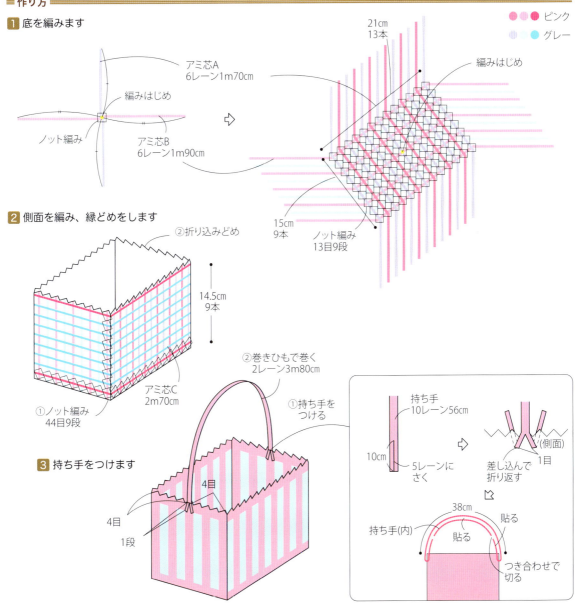

ノット編みのかご

バッグも作ってみましょう！！

持ち手を2本つけるだけで…
簡単にバッグが作れます。
好きな編み方で、編んでみましょう！

北欧風バッグ

四角かごバッグ

北欧風バッグ

リボンの斜めバッグ
斜めに広げながら編みます。
上のギザギザがポイントです！

作り方＝*P.103*

北欧風バッグ

大きめバッグ

太いエコクラフトで編みます。
持ち手も編んで作ります。

作り方 ≡ P.74

P.73 大きめバッグ

材料
ハマナカエコクラフト ワイド
白(402)10m巻：2巻
ハマナカエコクラフト
パステルブルー(18)5m巻：2巻

作品のサイズ：
幅31cm
奥行き14cm
本体の高さ19.5cm

用意する本数
タテ芯A	白24レーン75cm：4本
タテ芯B	白24レーン81cm：4本
タテ芯C	白24レーン87cm：4本
タテ芯D	白24レーン90cm：8本
縁どめ芯(中)	白24レーン87cm：1本
縁どめ芯(内)	白24レーン86cm：1本
補強芯	白24レーン22cm：2本
持ち手	パステルブルー 12レーン1m：8本

作り方

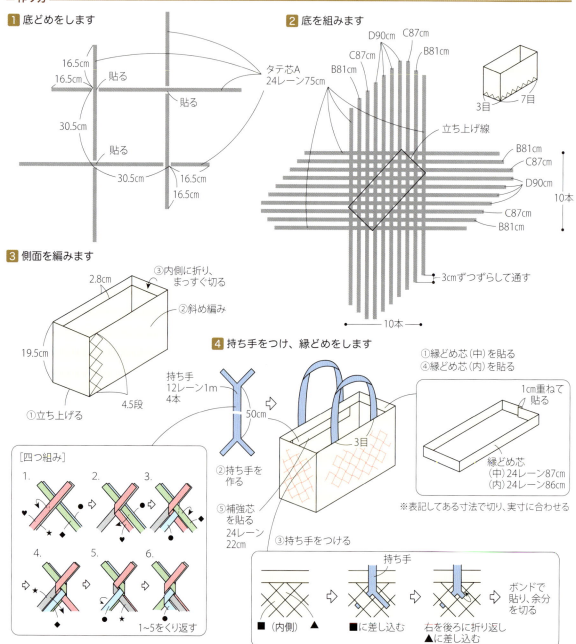

1 底・側面を編みます

作り方の図のとおりに底と側面を編み、端を切って内側に貼ります。

2 持ち手を作ります
四つ組み

1 持ち手4本を写真のようにクロスさせ、重なった部分をボンドで貼ります。

2 左の上の芯（♥）を後ろに折ります。

3 右の下の芯（●）を（◆）の下で手前に折ります。

四つ組み

4 右の上の芯（◆）を（●）の後ろに折ります。

5 左の下の芯（★）を2本（●・◆）の間を通して手前に折ります。

6 2〜5をくり返します。

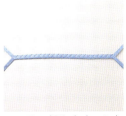

7 50cm編みます。2本作ります。

3 持ち手をつけます

1 持ち手の芯の片側を、内側のタテ芯に差し込みます。

2 持ち手の反対側を折り返し、1の隣の目（持ち手の後ろ側の目）に通します。

3 1の芯の余分を切り、2の芯を貼ります。

4 縁どめをします
裏縁どめ

1 縁どめ芯（中）を上端に合わせて1周貼ります。

2 持ち手を貼ります。

3 持ち手をはさんで縁どめ芯（内）を1周貼ります。

4 縁どめ芯の下に、補強芯を貼ります。

5 できあがり。

北欧風バッグ

四角かごバッグ

太さがアクセントのバッグ

太い、細いで模様を出した
しっかりタイプのかごバッグです。

作り方 ≡ P.104

スクエアバッグ

使いやすい大きさのバッグです。
アイロンできれいに仕上がります。

四角かごバッグ

作り方＝P.78

P.77 スクエアバッグ

＝材　料＝

ハマナカエコクラフト
チョコレート
　（115）30m巻：1巻
　（15）5m巻：1巻

作品のサイズ：
幅25cm
奥行き12cm
本体の高さ20.5cm

＝用意する本数＝

タテ芯（縦A）	12レーン61.5cm：13本
タテ芯（縦B）	12レーン70cm：2本
タテ芯（横）	12レーン74.5cm：7本
アミ芯	12レーン75cm：11本
持ち手（外）	12レーン60cm：2本
持ち手（内）	12レーン30cm：2本
縁どめ芯（外）	12レーン75cm：1本
縁どめ芯（中）	2レーン22cm：2本
	2レーン12cm：2本
縁どめ芯（内）	12レーン74cm：1本
巻きひも	2レーン5m80cm：2本

＝作り方＝

1 底どめをします　　2 底を組みます

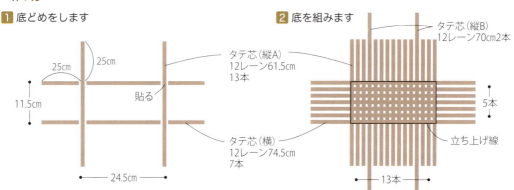

3 側面を編みます　　4 持ち手をつけ、縁どめをします

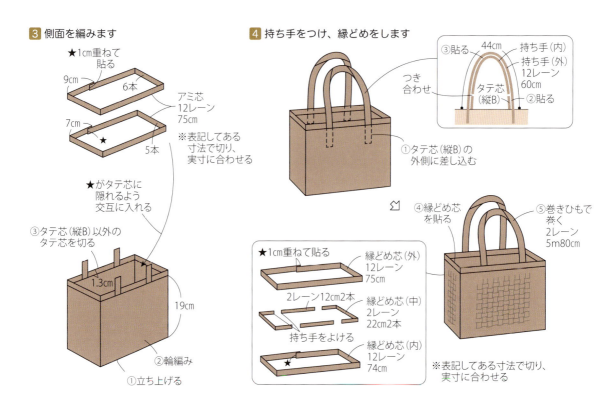

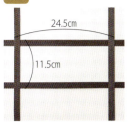

1 底どめをします

タテ芯(横)2本の上にタテ芯(縦A)2本をボンドで貼ります。

2 底を組みます

タテ芯(縦)13本、タテ芯(横)5本を、霧吹きをしながら均等に交互に通します。
※♥はタテ芯(縦B)です。

3 側面を編みます

タテ芯を立ち上げ、輪編みで11段編みます。

4 持ち手をつけます1

1 持ち手(外)をタテ芯(縦B)の外側に、目打ちなどを使って差し込みます。

四角かごバッグ

2 反対にも差し込みます。

3 タテ芯(縦B)を持ち手に貼ります。

4 持ち手(内)をタテ芯(縦B)の端から貼ります。

5 反対側まで貼り、つき合わせで余分を切ります。

5 縁どめをします

1 10レーンのガイド(材料外)をアミ芯の上端に合わせ、ガイドに合わせてタテ芯を切ります。

2 切ったところです。

3 縁どめ芯(外)を本体の縁に合わせて輪にし、端から2レーンあけて貼ります。

4 縁どめ芯(中)を縁どめ芯(外)の上端に合わせて貼ります。

5 縁どめ芯(内)を上端に合わせて貼ります。

6 持ち手をつけます2

1 持ち手を巻きひもで巻きます。

2 反対側も同様に巻きます。

3 できあがり。

79

丸かごバッグ

人気のサークルバッグ

丸底を合わせたバッグです。
作りは見た目より簡単です。

作り方 ≡ *P.82*

黒の丸かごバッグ

側面を斜めにあげただけでかわいい！
大きめリボンもポイントです。

丸かごバッグ

作り方≡ *P.105*

P.80 人気のサークルバッグ

材料
ハマナカエコクラフト
ベージュ(101) 30m巻：1巻

用意する本数

タテ芯	6レーン50cm	8本
タテ芯(増し芯A)	6レーン23cm	16本
タテ芯(増し芯B)	6レーン20cm	32本
アミ芯(底A)	2レーン4m	4本
アミ芯(底B)	3レーン5m30cm	4本
アミ芯(側面)	3レーン6m80cm	1本
持ち手(外)	8レーン56cm	2本
持ち手(内)	8レーン46cm	2本
巻きひも	2レーン4m	2本

作品のサイズ：
直径23.5cm
幅5cm

作り方

1 底どめをし、底を編みます

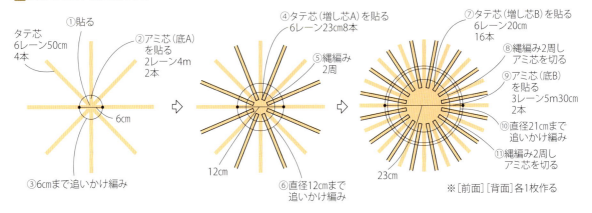

2 側面を編み、縁どめをします

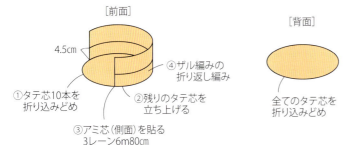

3 前面と背面をつなぎます

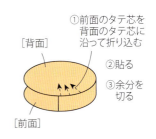

4 持ち手をつけます

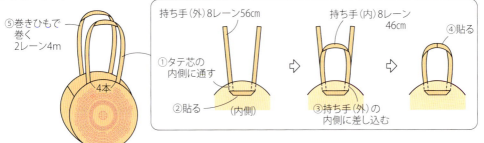

1 底どめをします

タテ芯4本の中心をボンドで貼ります。

2 底を編みます

1 作り方図のとおりに直径6cmまで編み、タテ芯(増し芯A)8本を貼って直径12cmまで編みます。

2 タテ芯(増し芯B)16本を貼り、縄編みで2周編みます。

3 作り方図のとおりに直径23cmまで編み、タテ芯10本を折り込みどめします。

3 側面を編みます

1 タテ芯を立ち上げ、端のタテ芯(★)にアミ芯(側面)をかけて貼ります。

2 ザル編みで編み、反対側の端のタテ芯(♥)で折り返します。

3 同様に折り返しながらザル編みで高さ4.5cmまで編みます。前面ができました。

4 背面を編みます

1・2と同様に編み、全てのタテ芯を折り込みどめします。

丸かごバッグ

5 組み合わせます

1 前面のタテ芯を端で折り、背面のタテ芯の外側に通します。

2 通したタテ芯を背面のタテ芯に貼ります。

3 通したタテ芯をアミ芯のきわで切ります。
※はさみでおおまかに切り、爪切りでぎりぎりに切るときれいです。

6 持ち手をつけます

1 持ち手(外)を写真のように折り、内側のアミ芯に4本分あけて通します。

2 真ん中の部分を内側に貼ります。

3 持ち手(内)を持ち手(外)の内側に差し込みます。

4 持ち手(内)の外側に持ち手(外)を貼り、つき合わせで余分を切ります。

5 反対側も同様につけ、巻きひもで巻いて、できあがり。

楕円かごバッグ

布つき楕円かごバッグ
巾着布をつけただけで便利!
布はかごに合わせて。

作り方 ≡ *P.86*

シンプル楕円かごバッグ

口の始末をしっかりさせた
シンプルで使いやすいバッグです。

作り方= *P.106*

P.84 布つき楕円かごバッグ

■材料
ハマナカエコクラフト
さくら(127)30m巻：1巻
布(木綿地) 67cm×17cm
丸ひも(直径5mm) 2m

■用意する本数
底どめ芯(縦)	6レーン6.9cm	2本
底どめ芯(横)	10レーン19cm	4本
タテ芯(縦A)	6レーン68cm	9本
タテ芯(縦B)	6レーン92cm	2本

■用意する本数
タテ芯(横)	6レーン80cm	3本
タテ芯(増し芯)	6レーン30cm	8本
アミ芯(底)	2レーン3m80cm	2本
アミ芯(側面A)	3レーン4m30cm	2本
アミ芯(側面B)	5レーン9m40cm	1本
	3レーン9m40cm	1本
	※つなぎながら編む	
アミ芯(側面C)	3レーン4m30cm	2本
持ち手	6レーン47cm	2本
巻きひも	2レーン4m	2本

作品のサイズ：
幅24.5cm/奥行き12.5cm/本体の高さ20cm

■作り方

1 底どめをします　**2 底を組みます**　**3 底を編みます**

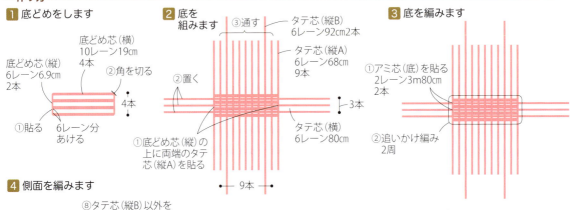

4 側面を編みます

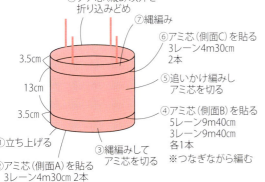

5 口布を作ります　**6 持ち手・口布をつけます**

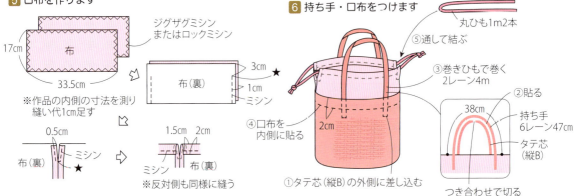

1 底どめをします

底どめ芯（縦）2本に、底どめ芯（横）4本を均等にボンドで貼ります。

2 底を組みます

底どめ芯（縦）の上に両端のタテ芯（縦A）を貼り、残りのタテ芯を交互に通します。
※♥はタテ芯（縦B）です。

3 底を編みます

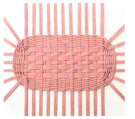

作り方図のとおりにタテ芯（増し芯）を貼って底を編みます。

4 側面を編みます

タテ芯を立ち上げ、作り方図のとおりに側面を編みます。

5 縁どめをします

タテ芯（縦B）以外のタテ芯を折り込みどめします。

6 持ち手をつけます

1 タテ芯（縦B）の外側に、持ち手を目打ちなどを使って差し込みます。

2 長さ38cmのアーチにし、反対側にも差し込みます。

3 持ち手の内側にタテ芯（縦B）を貼り、つき合わせで余分を切ります。

4 巻きひもで巻きます。反対側も同様につけます。

7 口布をつけます

1 布2枚を切り、端の始末をします。
※端の始末：ロックミシンまたはジグザグミシンをかけるか、粗めに巻きかがります。

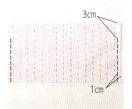

2 1を中表に重ね、両脇をあき口を残してミシンで縫います。

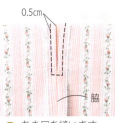

3 あき口を縫います。（反対側も同様に縫います）

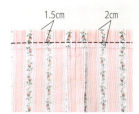

4 入れ口を折り返して縫います。

5 下側にボンドをつけ、バッグの上端に貼ります。

6 ひも2本を通して結びます。

7 できあがり。

楕円かごバッグ

ノット編みバッグ

ラインのかごバッグ

ラインを入れただけでアクセント！
好きな色の組み合わせで作っても。

作り方 ≡ *P.107*

ボタンのかごバッグ

口が閉まるタイプです。
それだけで、おしゃれな雰囲気に。

ノット編みのバッグ

作り方 ≡ P.90

P.89 ボタンのかごバッグ

=材料=
ハマナカエコクラフト
グレー（120）30m巻：1巻
　　　（20）5m巻：3巻

作品のサイズ：
幅24cm
奥行き12cm
本体の高さ21cm

=用意する本数=

アミ芯A	6レーン 1m90cm：14本
アミ芯B	6レーン 2m30cm：7本
アミ芯C	6レーン 2m50cm：12本
持ち手	8レーン 83cm：2本
巻きひも	2レーン 3m70cm：2本
ループ	2レーン 38cm：1本
ループ巻きひも	2レーン 90cm：1本
ボタン	7レーン 60cm：1本

=作り方=

1. 底を編みます
2. 側面を編み、縁どめをします
3. ボタンを作ります
4. 持ち手・ボタン・ループをつけます

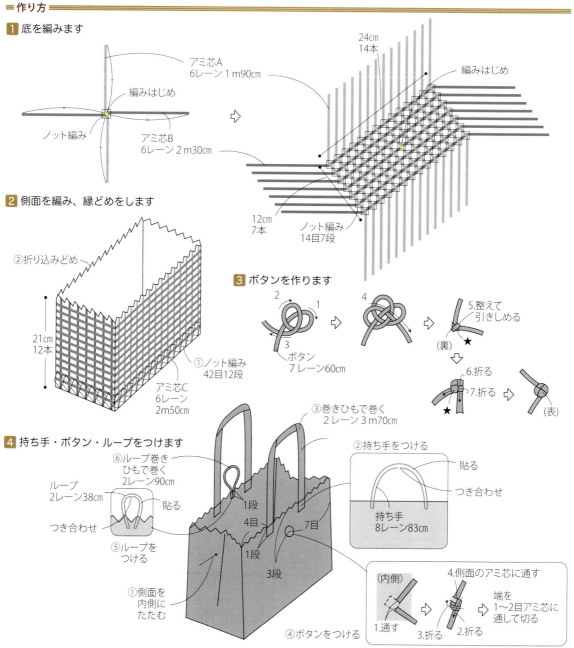

1 底を編みます

ノット編みで14目7段の底を編みます。

2 側面を編みます

1 ノット編みで12段編み、端を折り込みどめします。

2 左右の側面を内側にたたみます。

3 持ち手をつけます

1 持ち手を差し込み、つき合わせにして貼ります。

4 ボタンを作ります
ボタンの作り方

2 巻きひもで巻きます。反対側も同様につけます。

1 ボタンの芯の端を10cmくらい残し、写真のように輪にします。

2 もう一度輪を作り、最初の端の下を通します。

3 左側でもう一度輪を作り、写真のように下、上、下と通します。

ボタンの作り方

4 3を整えながら引きしめます。

5 裏側です。

6 上側の芯を折り返し、右側の芯を折り返して左の目（★）に通して引きしめます。

3 ボタン・ループをつけます

1 ボタンの端を3段めの上と下のすき間に通します。

2 裏で、上の端を折り返し、下の端を編み目に通します。両端をさらに2〜3目通して余分を切ります。

3 ループの芯を輪にして端を通します。

4 折り返してつき合わせになるように貼り、ループ巻きひもで巻きます。

5 できあがり。

ノット編みのバッグ

ワンポイントをつけて…

残ったエコクラフトで
小物を作って、バッグにつけましょう！

お花

お花１つつけるだけで
かわいい感じになります。

作り方 ≡ P.97

タッセル

色選びも楽しいタッセルです。
つけるだけで、違う雰囲気に…

ワンポイントをつけて…

結んで作るイヤリング&ピアス

ほんの少しのエコクラフトでできる
かわいい簡単イヤリングとピアスです。

バッグのボタンにも
なります。

作り方 ≡ P.109

作り方 ≡ P.109

梅結びの飾り

かわいいアクセントになります。
色を工夫してもいいですね。

作り方 ≡ *P.99*

あわじ結びの飾り

大きく作って
バッグやかごに…

作り方 ≡ *P.98*

P.93 タッセル

■ 材　料 ■
ハマナカエコクラフト
パステルブルー(18) 5 m巻：適量

■ 用意する本数 ■
タッセル 3レーン35㎝：20本
結びひも 1レーン24㎝：2本

作品のサイズ：
長さ14㎝

■ 作り方 ■

1 1本を中心で結びます。

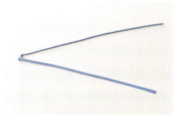

2 1を結び目で折ります。

3 2を残り19本の中心に置きます。

4 結び目をくるむように筒にします。

5 結び目の上の位置で、結びひもで結びます。

6 結び目にボンドをつけて余分を切ります。

7 結びひもの上のひもを折り返します。
※3の2本は残します。

8 結びひもで結びます。

9 結び目にボンドをつけて余分を切り、下をそろえて切って、できあがり。

P.92 お花

≡材　料≡
ハマナカエコクラフト
チョコレート(15)5m巻：適量
パステルブルー(18)5m巻：適量

≡用意する本数≡
花びら　5レーン9㎝：6本
花心　　5レーン35㎝：1本
土台　　12レーン2㎝：1本

作品のサイズ：
直径8.5㎝

≡作り方≡

1 花びらを輪にして根元をボンドでとめます。

2 6個作ります。

3 花心に軽く霧吹きをし、端からきっちり巻きます。

4 ところどころボンドでとめながら、端まで巻きます。

5 土台に花びらを貼ります。

6 均等に貼ります。

7 6枚貼ります。

8 中心に花心を貼ります。

9 できあがり。

P.95 あわじ結びの飾り

材料
ハマナカエコクラフト
パステルブルー(18)・白(2)・
パステルグリーン(17) 5m巻:各適量

用意する本数
編み芯 4レーン50cm:
　パステルブルー・白・
　パステルグリーン 各1本

作品のサイズ:
縦4.5cm
横7.5cm

作り方

1 芯を3本重ね、端を8cmくらい残して写真のように輪にします。

2 もう一度輪を作ります。

3 最初の端の上を通します。

4 左側でもう一度輪を作り、中心の輪の下から上へ通します。

5 ★に上から下へ通します。

6 ♥に下から上へ通します。

7 整えながら引きしめます。

8 端を切って、できあがり。

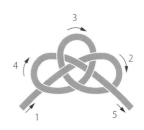

98

P.95 梅結びの飾り

═ 材　料 ═
ハマナカエコクラフト
赤(31) 5m巻：適量

═ 用意する本数 ═
編み芯　4レーン60㎝：2本

作品のサイズ：
直径4.5㎝

═ 作り方 ═

1 芯を2本重ね、あわじ結び(p.98)の1〜7と同様に結びます。

2 右の芯を中心(★)に上から下へ通します。

3 左の芯を2でできた輪(♥)に上から下へ入れます。

4 整えながら引きしめます。

5 裏側で余分を切ります。

6 芯に隠れる位置に、ボンドで端を貼ります。

7 できあがり。

2. ♥に入れる　　1. ★に入れる

P.16 2本組みの大きなかご

材料
ハマナカエコクラフト
白(102) 30m巻：1巻
　　　　 5m巻：3巻

作品のサイズ：
幅24.5cm
奥行き24.5cm
本体の高さ20cm

用意する本数
タテ芯(縦)　12レーン94cm：20本
タテ芯(横)　12レーン94cm：20本
縁どめ芯(外) 12レーン90cm：1本
縁どめ芯(中) 2レーン89cm：2本
縁どめ芯(内) 12レーン88cm：1本

作り方

1. 底どめをします
2. 底を組みます

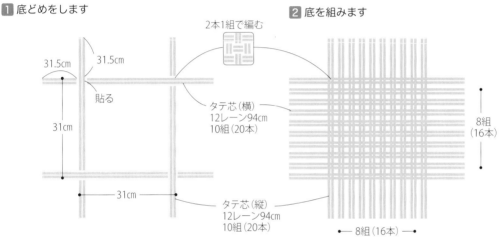

3. 立ち上げます
4. 側面を編みます
5. 縁どめをします

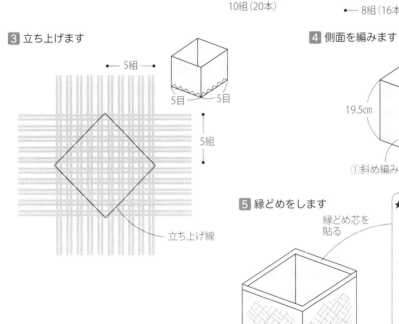

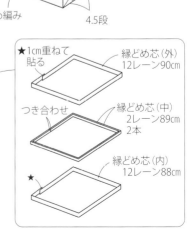

※表記してある寸法で切り、実寸に合わせる

P.28 側面斜めのパンかご

≡ 材 料 ≡
ハマナカエコクラフト
ベージュ(101) 30m巻：1巻

作品のサイズ：
幅28cm
奥行き23cm
本体の高さ8.5cm

≡ 用意する本数 ≡

底どめ芯(縦)	8レーン18.6cm	：2本
底どめ芯(横)	10レーン23cm	：9本
タテ芯(縦)	8レーン52cm	：11本
タテ芯(横)	8レーン56cm	：8本
アミ芯A	3レーン2m	：2本
アミ芯B	4レーン6m40cm	：2本
縁編みひも	8レーン4m50cm	：1本
持ち手	12レーン47cm・2レーン47cm	：各2本
巻きひも	2レーン5m30cm	：1本

≡ 作り方 ≡

1 底どめをします

2 底を組みます

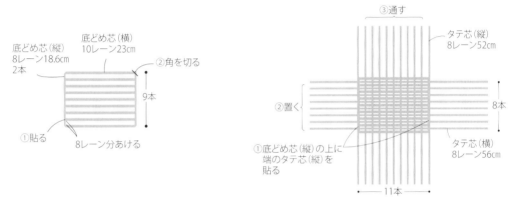

3 側面を編み、縁どめ・縁編みをします

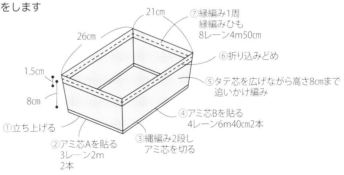

4 持ち手をつけます

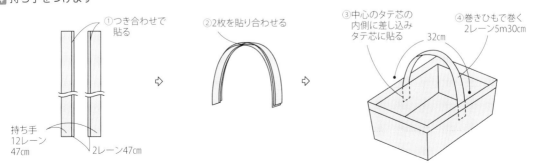

P.53 脚つきのかご

作品のサイズ：
幅19cm/奥行き8.5cm/本体の高さ11cm

≡ 材　料 ≡
ハマナカエコクラフト
ベージュ(101)30m巻：1巻

≡ 用意する本数 ≡
持ち手	10レーン40cm：2本
巻きひも	2レーン4m50cm：1本
リボン(上)	10レーン18cm：1本
リボン(下)	10レーン13cm：1本
リボン(中心)	10レーン4.5cm：1本
脚	8レーン20cm：4本

≡ 用意する本数 ≡
底どめ芯(縦)	6レーン5cm：2本
底どめ芯(横)	10レーン16cm：3本
タテ芯(縦)	6レーン36cm：9本
タテ芯(横)	6レーン46cm：2本
タテ芯(増し芯)	6レーン16cm：4本
アミ芯(底)	2レーン1m50cm：2本
アミ芯(側面A)	3レーン60cm：2本
アミ芯(側面B)	4レーン4m40cm：2本
縁どめ芯(外)	10レーン49cm：1本
縁どめ芯(中)	2レーン23cm：2本
縁どめ芯(内)	10レーン48cm：1本

≡ 作り方 ≡

1 底どめをします

2 底を組みます

3 底を編みます

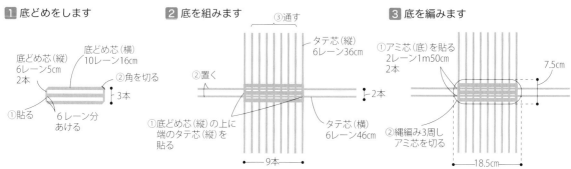

4 側面を編みます

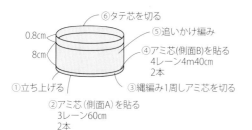

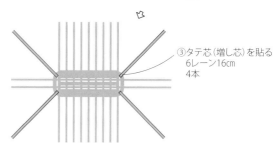

5 持ち手・リボン・脚をつけます

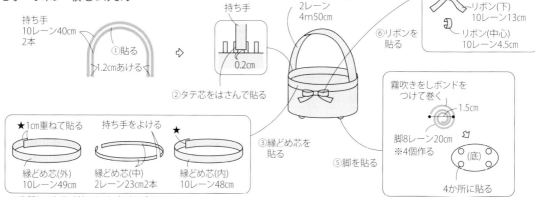

※表記してある寸法で切り、実寸に合わせる

P.72 リボンの斜めバッグ

材料
ハマナカエコクラフト
マロン(114) 30m巻：1巻

作品のサイズ：
幅24cm
奥行き12cm
本体の高さ21cm

用意する本数
タテ芯(縦)	12レーン93cm	12本
タテ芯(横)	12レーン93cm	12本
持ち手	9レーン80cm	8本
リボン(上)	12レーン20cm	1本
リボン(下)	12レーン18cm	1本
リボン(中心)	12レーン5.5cm	1本

作り方

1 底どめをします

2 底を組みます

3 立ち上げます

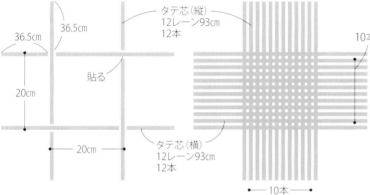
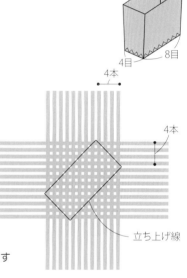

4 側面を編み、縁どめをします

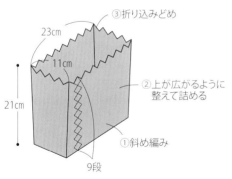

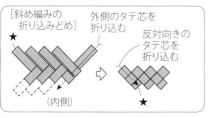

5 持ち手・リボンをつけます

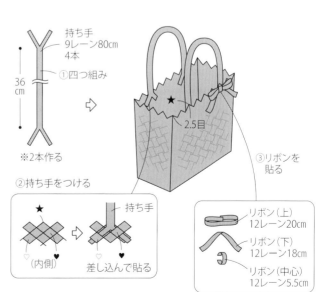

P.76 太さがアクセントのバッグ

材料
ハマナカエコクラフト
白(102) 30m巻：1巻
ザクロ(35) 5m巻：2巻
ハマナカエコクラフト ワイド
白(402) 10m巻：1巻

用意する本数
タテ芯(縦A)	白12レーン58cm	14本
タテ芯(縦B)	白12レーン68cm	2本
タテ芯(横)	白12レーン71cm	8本
アミ芯A	白20レーン81cm	5本
アミ芯B	ザクロ6レーン81cm	6本
縁どめ芯(外)	ザクロ12レーン81cm	1本
縁どめ芯(中)	ザクロ3レーン80cm	1本
縁どめ芯(内)	ザクロ12レーン80cm	1本
持ち手(外)	白12レーン23cm	2本
持ち手(内)	白12レーン46cm	2本
巻きひも	ザクロ2レーン5m	2本

作品のサイズ：
幅27cm/奥行き14cm/本体の高さ18cm

作り方

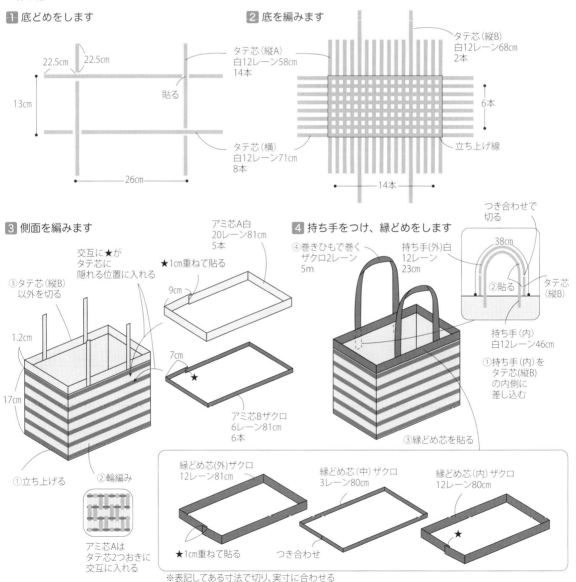

※表記してある寸法で切り、実寸に合わせる

P.81 黒の丸かごバッグ

材料
ハマナカエコクラフト
黒(106) 30m巻：1巻

用意する本数
タテ芯	6レーン68cm：4本
タテ芯(増し芯A)	6レーン32cm：8本
タテ芯(増し芯B)	6レーン29cm：16本
アミ芯(底)	2レーン4m50cm：2本
アミ芯(側面)	4レーン13m：3本
	※つなぎながら編む
縁編みひも	5レーン3m50cm：1本
持ち手	12レーン50cm：2本
巻きひも	2レーン5m80cm：1本
リボン(上)	12レーン26cm：1本
リボン(下)	12レーン22cm：1本
リボン(中心)	12レーン6cm：1本

作品のサイズ：
口の直径20cm
本体の高さ19cm

作り方

1 底どめをします

2 底を編みます

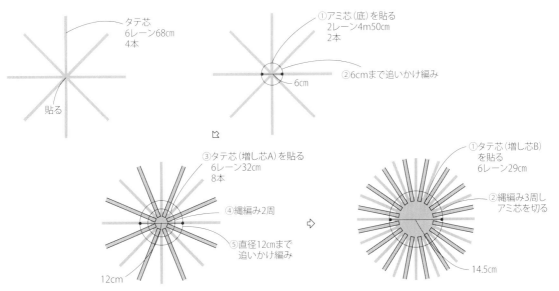

2 側面を編み、縁どめをします

3 持ち手・リボンをつけます

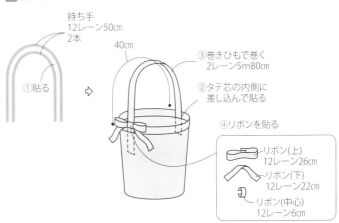

105

P.85 シンプル楕円かごバッグ

■材料
ハマナカエコクラフト
マロン(114)30m巻：1巻

■用意する本数
底どめ芯(縦)	6レーン6cm	：2本
底どめ芯(横)	8レーン17cm	：4本
タテ芯(縦A)	6レーン53cm	：7本
タテ芯(縦B)	6レーン62cm	：2本
タテ芯(横)	6レーン64cm	：3本
タテ芯(増し芯)	6レーン24cm	：4本
アミ(底)	2レーン2m60cm	：2本
アミ芯(側面A)	3レーン1m30cm	：3本
アミ芯(側面B)	4レーン17m20cm	：1本※つなぎながら編む
縁どめ芯(外)	10レーン58cm	：1本
縁どめ芯(中)	2レーン16cm・2レーン11cm	：各2本
縁どめ芯(内)	10レーン57cm	：1本
持ち手(外)	10レーン46cm	：2本
持ち手(内)	10レーン22cm	：2本
巻きひも	2レーン4m50cm	：2本

作品のサイズ：
幅21.5cm
奥行き11.5cm
本体の高さ17cm

■作り方

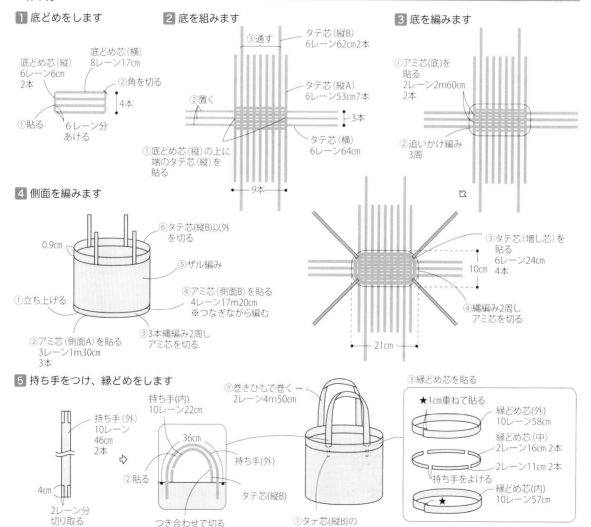

1 底どめをします
2 底を組みます
3 底を編みます
4 側面を編みます
5 持ち手をつけ、縁どめをします

※表記してある寸法で切り、実寸に合わせる

106

P.88 ラインのかごバッグ

≡ 材 料 ≡
ハマナカエコクラフト
紺(103) 30m巻：1巻
パステルブルー(18) 5m巻：1巻

作品のサイズ：
幅22cm
奥行き9.5cm
本体の高さ17.5cm

≡ 用意する本数 ≡
アミ芯A	紺6レーン1m80cm：12本
アミ芯B	紺6レーン2m15cm：5本
アミ芯C	紺6レーン2m20cm：9本
	パステルブルー6レーン2m20cm：1本
持ち手(外)	紺8レーン64cm：2本
持ち手(内)	紺8レーン25cm：2本
巻きひも	紺2レーン3m60cm：2本

≡ 作り方 ≡

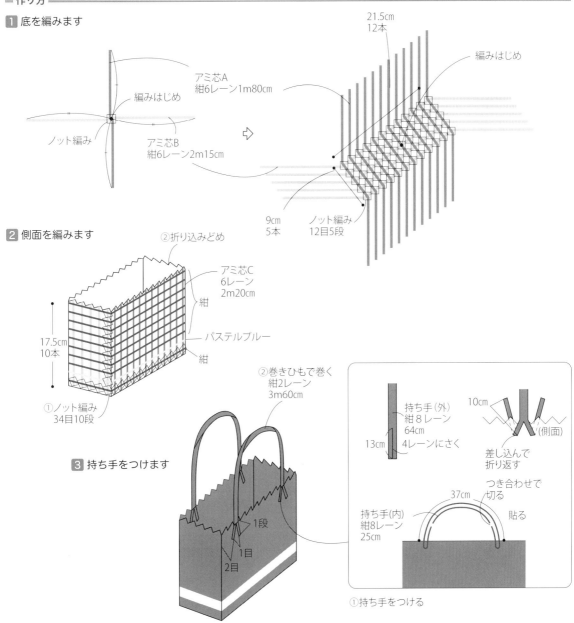

1 底を編みます

2 側面を編みます

3 持ち手をつけます

107

P.40 ふたつきのかご

≡材料≡
ハマナカエコクラフト
ベージュ(101)30m巻：1巻

≡用意する本数≡
[本体]
タテ芯	6レーン56cm	4本
タテ芯(増し芯A)	6レーン26cm	8本
タテ芯(増し芯B)	6レーン24cm	16本
アミ芯(底)	2レーン6m60cm	2本
アミ芯(側面A)	4レーン8m	2本
アミ芯(側面B)	1レーン1m60cm	6本

[ふた]
タテ芯	6レーン36cm	4本
タテ芯(増し芯A)	6レーン17cm	8本
タテ芯(増し芯B)	6レーン14cm	16本
アミ芯(底)	2レーン7m20cm	2本
アミ芯(側面A)	4レーン2m	2本
アミ芯(側面B)	1レーン1m70cm	6本
取っ手	6レーン18cm	1本
とめひも	2レーン20cm	1本

作品のサイズ：
本体直径18.5cm
　　高さ12.5cm
ふた直径20cm
　　高さ3.5cm

≡作り方≡

[本体]

1 底どめをします

2 底を編みます

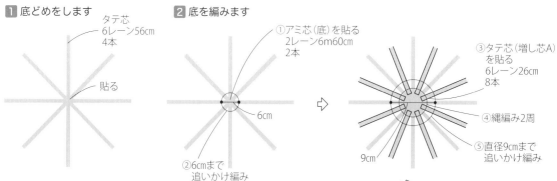

3 側面を編み、縁どめをします

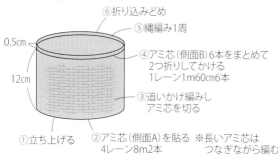

[ふた]

1 底どめをし、底を編みます

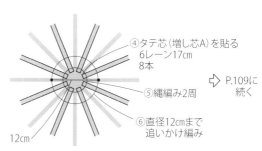

⇨ P.109に続く

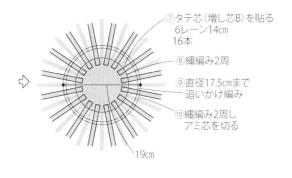

2 側面を編み、縁どめをします

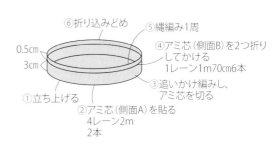

3 取っ手をつけます

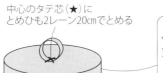

P.94 結んで作るイヤリング＆ピアス

═ 材 料 ═

[イヤリング]
ハマナカエコクラフト
紺(3)5m巻：適量
イヤリング金具(台つき)：1組

[ピアス]
ハマナカエコクラフト
赤(31)5m巻：適量
白(2)5m巻：適量
ピアス金具(台つき)：1組

═ 用意する本数 ═

[イヤリング]
編み芯　　6レーン50cm：2本

[ピアス]
編み芯　　赤2レーン30cm：2本
　　　　　白2レーン30cm：2本

作品のサイズ：
イヤリング直径1.7cm/ピアス直径1.8cm

═ 作り方 ═

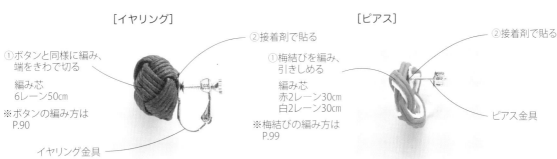

109

逆引きINDEX

この本で使われている組み方・編み方のページです。
作り方でわからないことがあったら、このページを見てみましょう。

底どめ・底組み

四角底（斜め・四角） P.13
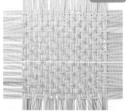
タテ芯で四角の枠を作り、間に残りのタテ芯を通します。

丸底 P.37

十字に組んだタテ芯のまわりをぐるぐる編んで円にします。

楕円底 P.49

底どめ芯で四角い底を作り、まわりを編んで楕円にします。

増し芯

タテ芯の増し芯 P.37

底を編んでいる途中でタテ芯を増やす方法です。

編み方

ザル編み P.44
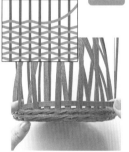
アミ芯1本をタテ芯の前、後ろと交互に通します。

追いかけ編み P.38

アミ芯2本で交互にザル編みする編み方です。

縄編み P.38

アミ芯2本をタテ芯の間でクロスしながら進みます。

3本縄編み P.44
アミ芯3本を、タテ芯の前、前、後ろと通します。

斜め編み P.14

立ち上げたタテ芯を前、後ろと交互に通します。斜めに進みます。

輪編み P.25

アミ芯を輪にしてから1段ずつ通す編み方です。

とばし編み P.43

アミ芯1本をタテ芯に前、前、後ろ、後ろと交互に通します。

ノット編み P.61

1目ずつ四角い結び目を作って編む編み方です。

110

縁どめ・縁編み

縁どめ芯の縁どめ P.15

縁どめ芯でタテ芯の端をはさむとめ方です。

縁どめ芯の裏縁どめ P.75

内側に折り込んだタテ芯の上から縁どめ芯を貼るとめ方です。

折り込みどめ P.45

タテ芯を内側に折り込み、アミ芯に通すとめ方です。

貼りどめ P.14

ボンドで貼ってとめる方法です。

かごどめ P.56

タテ芯を隣へ後ろ、前、後ろと通すとめ方です。

縁編み P.50

タテ芯をとめた上から縁編みひもで縁取る編み方です。

持ち手

つけ方

はさむ P.15
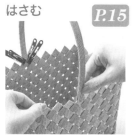
タテ芯をはさんで貼るつけ方です。後から縁どめ芯を貼ります。

折り返す P.33

タテ芯を縁どめした後に、上からつける方法です。

タテ芯に貼る P.79

バッグなど、より丈夫にしたいときのつけ方です。

リボン

基本のリボン P.27

3つのパーツから作る基本のリボンです。

基本の巻き方 P.57

持ち手を巻きひもで巻くやり方です。

8の字巻き P.68

持ち手2本をまとめるときに使う巻き方です。

四つ組み P.75

芯4本で編みます。丸みのある立体的な持ち手になります。

111

■ 著者プロフィール

寺西 恵里子 てらにしえりこ

(株)サンリオに勤務し、子ども向けの商品の企画デザインを担当。退社後も"HAPPINESS FOR KIDS"をテーマに手芸、料理、工作を中心に手作りのある生活を幅広くプロデュース。その創作活動の場は、実用書、女性誌、子ども雑誌、テレビと多方面に広がり、手作りを提案する著作物は600冊を超える。

寺西恵里子の本

『ねこあつめであみぐるみ』(小社刊)
『ラブあみで作る編みもの＆ポンポンこもの』(辰巳出版)
『ニードルフェルトでねこあつめ』(デアゴスティーニ・ジャパン)
『ねこあつめのフェルトマスコット』(ブティック社)
『0・1・2歳のあそびと環境』(フレーベル館)
『365日子どもが夢中になるあそび』(祥伝社)
『3歳からのお手伝い』(河出書房新社)
『基本がいちばんよくわかる アクセサリーのれんしゅう帳』(主婦の友社)
『気持ちを伝えるおもてなし はじめてのおにぎり＆サンドイッチ 全4巻』(汐文社)
『30分でできる! かわいい うで編み＆ゆび編み』(PHP研究所)
『チラシで作るバスケット』(NHK出版)
『かんたん手芸5 毛糸でつくろう』(小峰書店)
『おしゃれターバンとヘアバンド50』(主婦と生活社)
『身近なもので作るハンドメイドレク』(朝日新聞出版)
『作りたい 使いたい エコクラフトのかごと小物』(西東社)

■ 協賛メーカー

この本に掲載しました作品はハマナカ株式会社の製品を使用しています。
エコクラフトのお問い合わせは下記へお願いします。

ハマナカ株式会社

〒616-8585　京都市右京区花園薮ノ下町2番地の3
TEL.075(463)5151(代)　FAX.075(463)5159

ハマナカコーポレートサイト●www.hamanaka.co.jp
e-mailアドレス●info@hamanaka.co.jp
手編みと手芸の情報サイト「あむゆーず」●www.amuuse.jp

■ スタッフ

撮影　奥谷仁　安藤友梨子
デザイン　ネクサスデザイン
トレース　うすいとしお　YU-KI
作品制作　森留美子　澤田瞳　池田直子　小川正倫
作り方まとめ　千枝亜紀子　大島ちとせ
校閲　校正舎楷の木
進行　鏑木香緒里

やってみよう! 楽しい手芸! エコクラフトの基礎BOOK

2019年6月5日 初版第1刷発行
2021年8月10日 初版第3刷発行

著者　寺西 恵里子
発行者　廣瀬 和二
発行所　株式会社 日東書院本社　〒160-0022　東京都新宿区新宿2丁目15番14号 辰巳ビル
TEL　03-5360-7522(代表)　FAX　03-5360-8951(販売部)
振替　00180-0-705733　URL http://www.TG-NET.co.jp
印刷　三共グラフィック株式会社　製本　株式会社セイコーバインダリー
本書の無断複写複製(コピー)は、著作権法上での例外を除き、著作者、出版社の権利侵害となります。
乱丁・落丁はお取り替えいたします。小社販売部までご連絡ください。
© Eriko Teranishi 2019, Printed in Japan　ISBN 978-4-528-02256-0　C2077